MONOGRAPHIE

DE LA COMMUNE DE

VOUVRAY

ET DE SON VIGNOBLE

PAR

AUGUSTE CHAUVIGNÉ

CORRESPONDANT DU MINISTÈRE DE L'INSTRUCTION PUBLIQUE
PRÉSIDENT DE LA SOCIÉTÉ DE GÉOGRAPHIE DE TOURS
SECRÉTAIRE PERPÉTUEL
DE LA SOCIÉTÉ D'AGRICULTURE, SCIENCES, ARTS ET BELLES-LETTRES
D'INDRE-ET-LOIRE

Ouvrage couronné par la Société des Agriculteurs de France

(1er PRIX, SESSION DE 1908

TOURS

PÉRICAT, RUE DE LA SCELLERIE, 35

LIBRAIRE DE LA SOCIÉTÉ D'AGRICULTURE, SCIENCES, ARTS ET BELLES-LETTRES
D'INDRE-ET-LOIRE

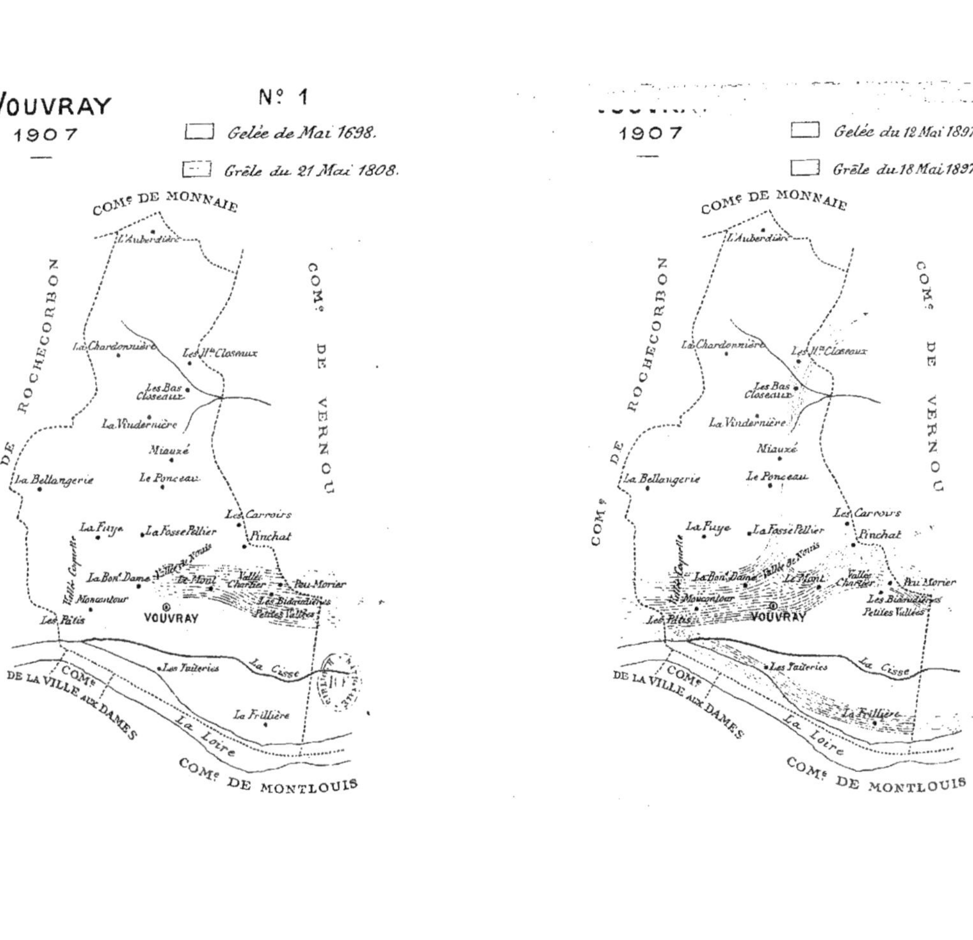

VOUVRAY
N° 1
1907
Gelée de Mai 1698.
Grêle du 21 Mai 1808.
COMᵉ DE MONNAIE
COMᵉ DE VERNOU
DE ROCHECORBON
L'Auberdière
La Chardonnière
Les Hᵗˢ Closeaux
Les Bas Closeaux
La Vindernière
Miauzé
La Bellangerie
Le Ponceau
Les Carroirs
La Fuye
La Fosse Pellier
Pinchat
Vallée Coquette
La Bonᵗ Dame
Vallée de Nouis
Le Mont
Vallée Chartier
Peu Morier
Moncontour
Les Bidaudières
Petites Vallées
Les Patis
VOUVRAY
Les Taiteries
La Cisse
La Frillière
La Loire
COMᵉ DE LA VILLE AUX DAMES
COMᵉ DE MONTLOUIS
1907
Gelée du 12 Mai 1897.
Grêle du 18 Mai 1897.
COMᵉ DE MONNAIE
COMᵉ DE VERNOU
COMᵉ DE ROCHECORBON
L'Auberdière
La Chardonnière
Les Hᵗˢ Closeaux
Les Bas Closeaux
La Vindernière
Miauzé
La Bellangerie
Le Ponceau
Les Carroirs
La Fuye
La Fosse Pellier
Pinchat
Vallée Coquette
La Bonᵗ Dame
Vallée de Nouis
Le Mont
Vallée Chartier
Peu Morier
Moncontour
Les Bidaudières
Petites Vallées
Les Patis
VOUVRAY
Les Taiteries
La Cisse
La Frillière
La Loire
COMᵉ DE LA VILLE AUX DAMES
COMᵉ DE MONTLOUIS

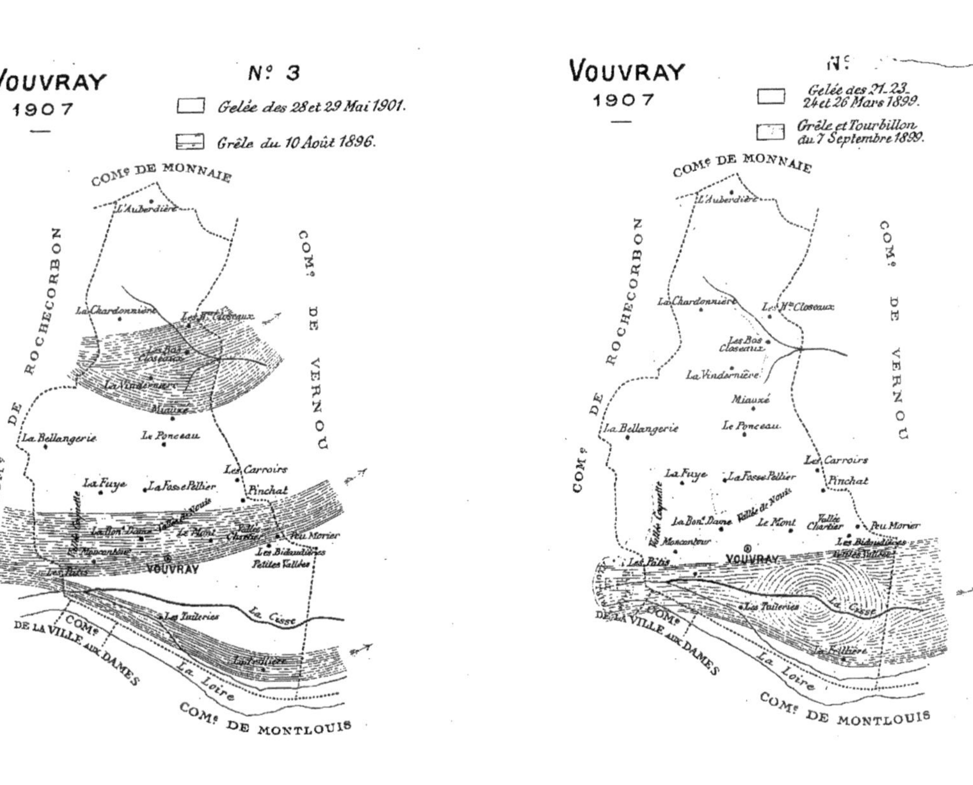
VOUVRAY
1907
N° 3
Gelée des 28 et 29 Mai 1901.
Grêle du 10 Août 1896.
COMᵉ DE MONNAIE
COMᵉ DE ROCHECORBON
COMᵉ DE VERNOU
COMᵉ DE LA VILLE AUX DAMES
COMᵉ DE MONTLOUIS
La Loire
La Cisse
VOUVRAY
1907
Gelée des 21-23-24 et 26 Mars 1899.
Grêle et Tourbillon du 7 Septembre 1899.
COMᵉ DE MONNAIE
COMᵉ DE ROCHECORBON
COMᵉ DE VERNOU
COMᵉ DE LA VILLE AUX DAMES
COMᵉ DE MONTLOUIS
La Loire
La Cisse

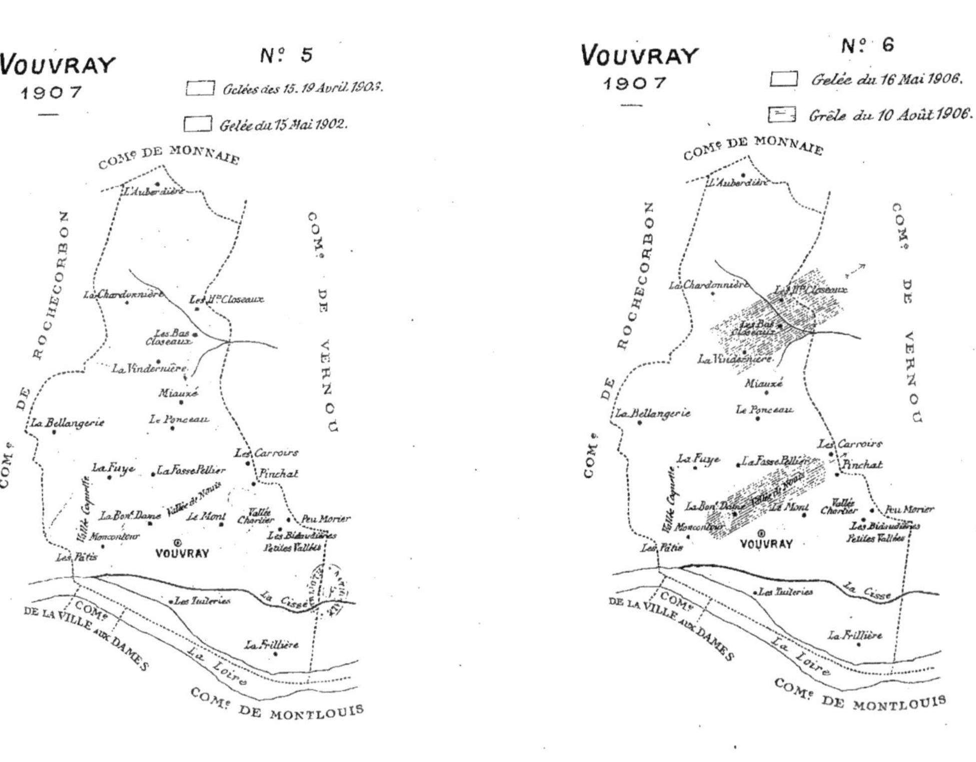

VOUVRAY
1907
N° 5
Gelées des 15. 19 Avril 1903.
Gelée du 15 Mai 1902.
COMe DE MONNAIE
L'Auberdière
COMe DE ROCHECORBON
COMe DE VERNOU
La Chardonnière
Les Hts Closeaux
Les Bas Closeaux
La Vindernière
Miauxé
Le Ponceau
La Bellangerie
Les Carroirs
Pinchat
La Fuye
La Fosse Pellier
Vallée Coquette
Vallée de Nouis
La Bonne Dame
Le Mont
Vallée Chartier
Peu Morier
Moncontour
Les Bidaudières
Petites Vallées
Les Pâtis
VOUVRAY
Les Tuileries
La Cisse
COMe DE LA VILLE AUX DAMES
La Frillière
La Loire
COMe DE MONTLOUIS
VOUVRAY
1907
N° 6
Gelée du 16 Mai 1906.
Grêle du 10 Août 1906.
COMe DE MONNAIE
L'Auberdière
COMe DE ROCHECORBON
COMe DE VERNOU
La Chardonnière
Les Hts Closeaux
Les Bas Closeaux
La Vindernière
Miauxé
Le Ponceau
La Bellangerie
Les Carroirs
Pinchat
La Fuye
La Fosse Pellier
Vallée Coquette
La Bonne Dame
Le Mont
Vallée Chartier
Peu Morier
Moncontour
Les Bidaudières
Petites Vallées
Les Pâtis
VOUVRAY
Les Tuileries
La Cisse
COMe DE LA VILLE AUX DAMES
La Frillière
La Loire
COMe DE MONTLOUIS

VOUVRAY

1907

N° 7

☐ *Gelée du 29 Avril 1907.*

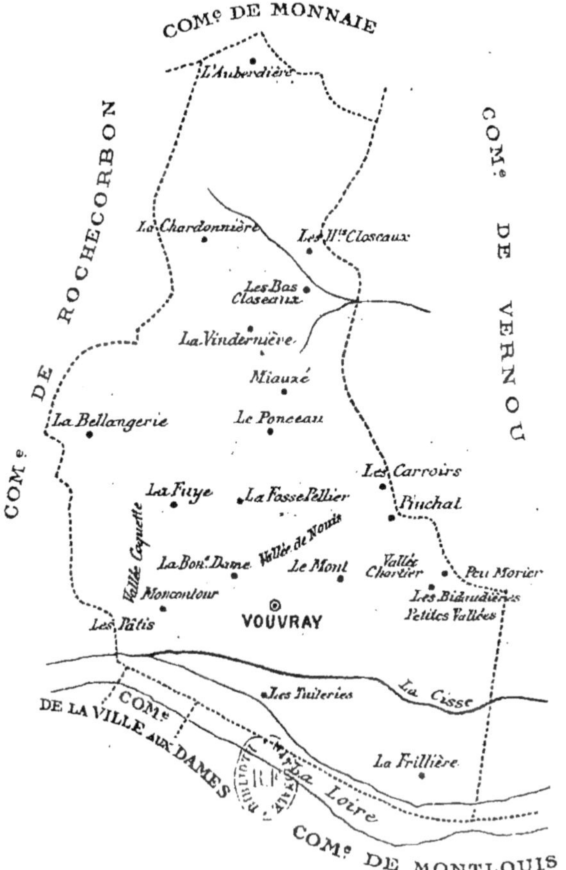

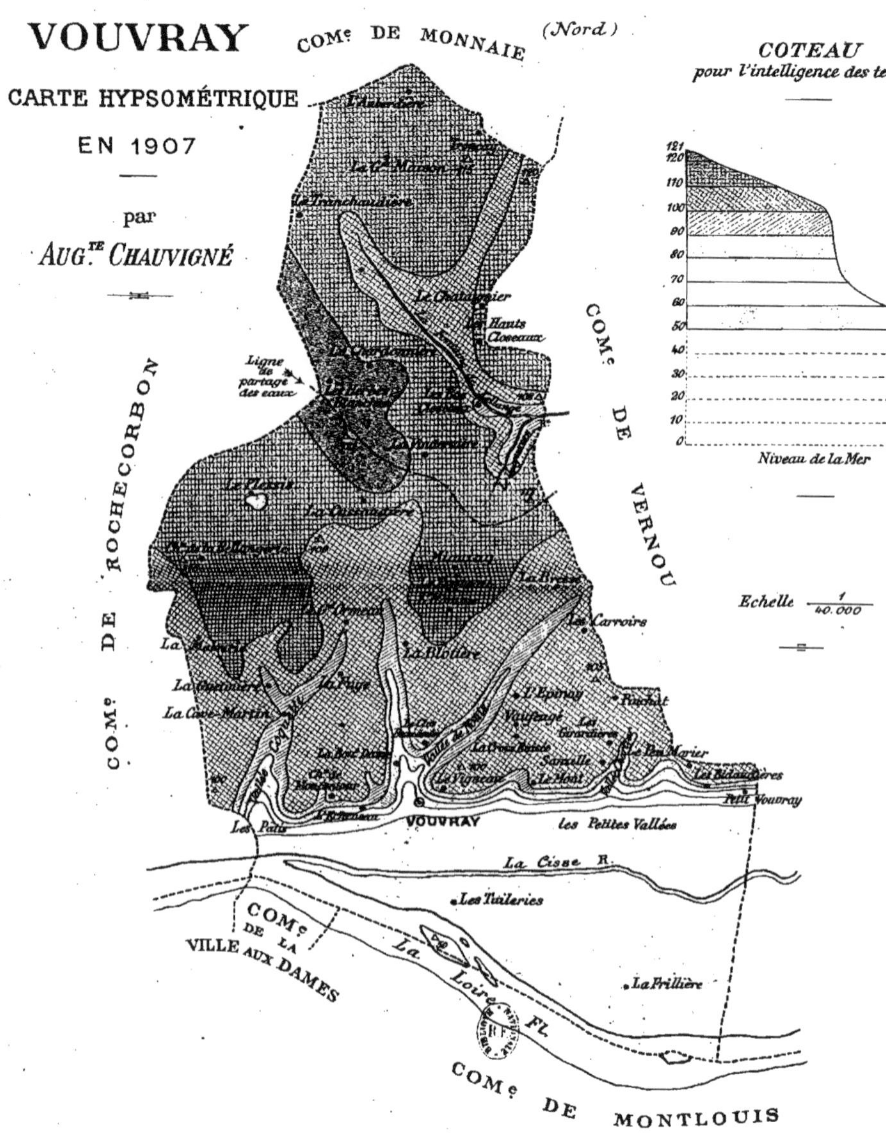
VOUVRAY
CARTE HYPSOMÉTRIQUE
EN 1907
par
AUG.TE CHAUVIGNÉ
COM.E DE MONNAIE
(Nord)
COTEAU
pour l'intelligence des teintes
121
120
110
100
90
80
70
60
50
40
30
20
10
0
Niveau de la Mer
Echelle 1/40.000
COM.E DE ROCHECORBON
COM.E DE VERNOU
COM.E DE LA VILLE AUX DAMES
COM.E DE MONTLOUIS
Ligne de partage des eaux
Le Chataignier
Les Hauts Closeaux
Les Carroirs
La Blotière
L'Epinay
Vaufougé
Le Paty Marier
Les Bidaudières
Petit Vouvray
VOUVRAY
les Petites Vallées
Les Patis
La Cisse R.
Les Tuileries
La Loire Fl.
La Frillière
La Cave-Martin
La Vigneau
Le Mont

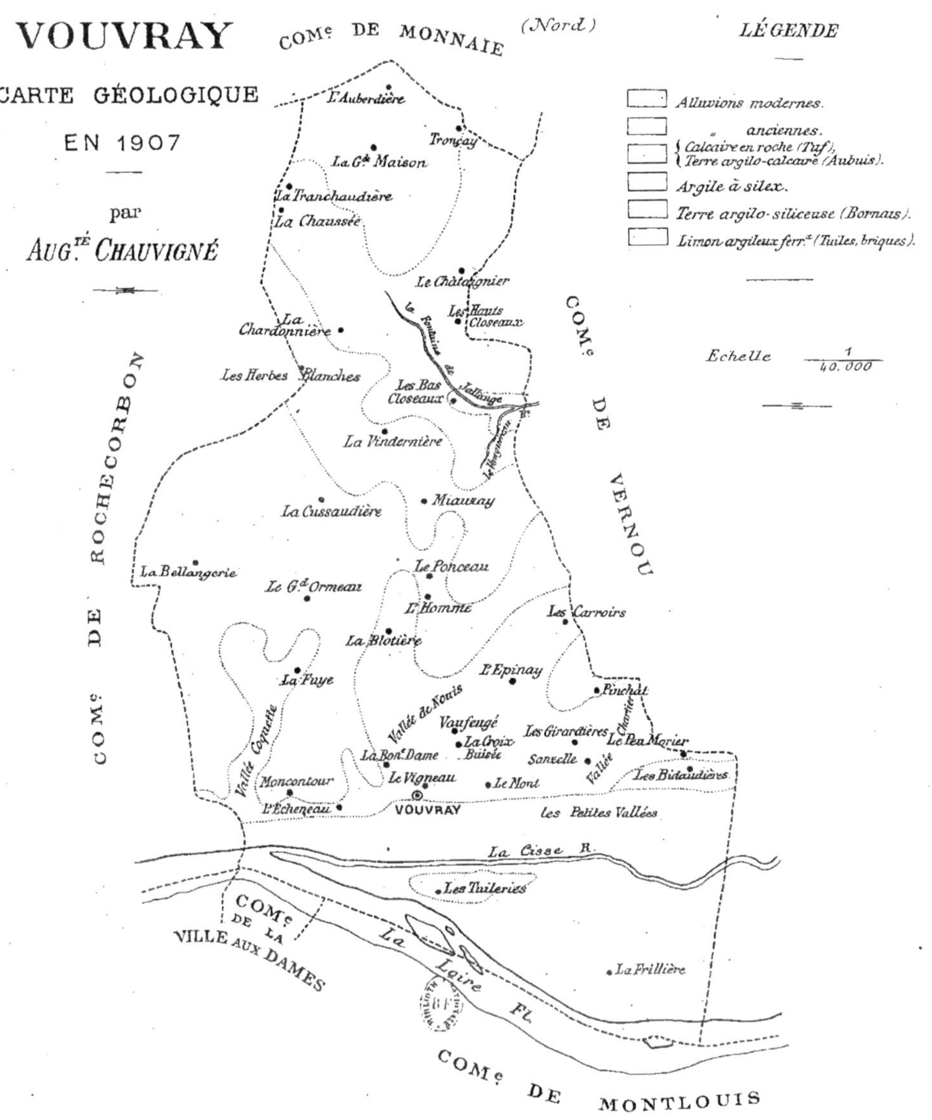
VOUVRAY
CARTE GÉOLOGIQUE
EN 1907
par
AUG.TE CHAUVIGNÉ
COMe DE MONNAIE
(Nord)
LÉGENDE
Alluvions modernes.
" anciennes.
Calcaire en roche (Tuf),
Terre argilo-calcaire (Aubuis).
Argile à silex.
Terre argilo-siliceuse (Bornais).
Limon argileux ferr.x (Tuiles, briques).
Echelle 1/40.000
COMe DE ROCHECORBON
COMe DE VERNOU
L'Auberdière
Tronçay
La Gde Maison
La Tranchaudière
La Chaussée
Le Châtaignier
Les Hauts Closeaux
La Chardonnière
Les Herbes Blanches
Les Bas Closeaux
La Vindernière
La Cussaudière
Miauxay
La Bellangerie
Le Gd Ormeau
Le Ponceau
L'Homme
Les Carroirs
La Blotière
La Fuye
L'Epinay
Pinchat
Vallée Coquette
Vallée de Nouis
Vaufengé
Les Girardières
Le Peu Morier
La Croix Buisée
La Bon.e Dame
Sanzelle
Les Bidaudières
Moncontour
Le Vigneau
Le Mont
L'Echeneau
VOUVRAY
les Petites Vallées
La Cisse R.
Les Tuileries
COMe DE LA VILLE AUX DAMES
La Loire Fl.
La Frillière
COMe DE MONTLOUIS

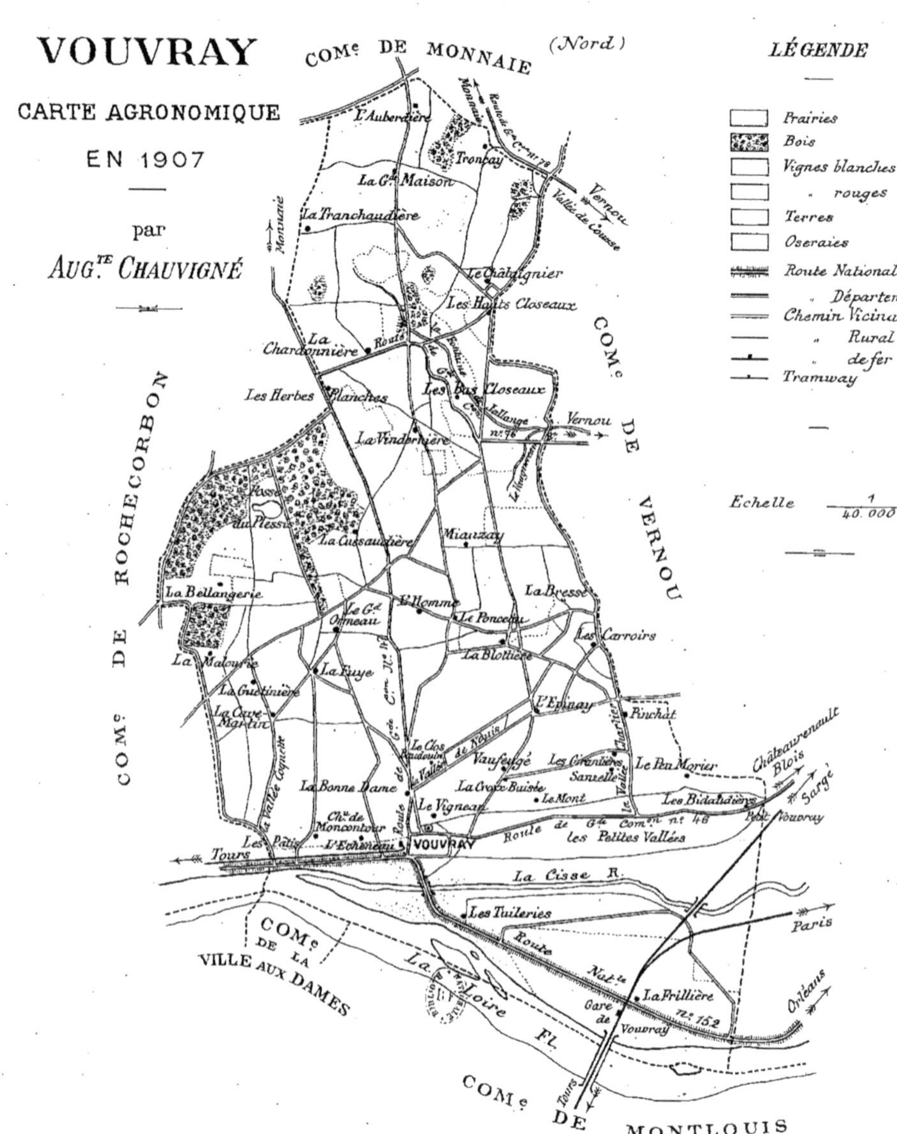

VOUVRAY
CARTE AGRONOMIQUE
EN 1907
par
AUG.TE CHAUVIGNÉ
COM.e DE MONNAIE
(Nord)
LÉGENDE
Prairies
Bois
Vignes blanches
" rouges
Terres
Oseraies
Route Nationale
" Départem.le
Chemin Vicinal
" Rural
" de fer
Tramway
Echelle 1/40.000
L'Auberdière
Tronçay
La G.de Maison
La Tranchaudière
Monnaie
Vernou
Vallée de Cousse
Le Châtaignier
Les Hauts Closeaux
La Chardonnière
Les Herbes Blanches
Les Bas Closeaux
Vernou
La Vindrinière
COM.e DE VERNOU
COM.e DE ROCHECORBON
Fosse du Plessis
La Cussaudière
Miauzay
La Bellangerie
La Bresse
Le G.d Ormeau
L'Homme
Le Ponceau
Les Carroirs
La Blotterie
La Malourie
La Fuye
La Guetinière
L'Epinay
Pinchat
La Cave-Martin
Le Clos Baudouin
Vaufuyé
Les Girardières
Sanzelle
Le Peu Morier
La Bonne Dame
La Croix Buisée
Le Mont
Les Bidaudières
Le Vigneau
Ch.au de Moncontour
Route de G.de Com.on n.o 46
les Petites Vallées
Petit Vouvray
Les Patis
L'Echeneau
VOUVRAY
Tours
Châteaurenault
Blois
Sargé
La Cisse R.
Les Tuileries
Paris
Route Nat.le n.o 152
La Frillière
Gare de Vouvray
COM.e DE LA VILLE AUX DAMES
La Loire Fl.
Orléans
Tours
COM.e DE MONTLOUIS

MONOGRAPHIE

DE LA COMMUNE DE

VOUVRAY

INDRE-ET-LOIRE

DU MÊME AUTEUR

Géographie historique et descriptive du Véron (épuisé).
— — de la Champagne tourangelle (épuisé).
— — de la Gatine tourangelle (épuisé).
— — de la Brenne (épuisé).
— — de la Quinte de Tours et des Varennes.
— — de la Vallée d'Anjou.
— — de la Sologne.

Etc., etc.

SOUS PRESSE

Topographie de la Civitas turonum.
Géographie historique et descriptive du Bocage vendéen.

VUE GÉNÉRALE DE VOUVRAY.

MONOGRAPHIE

DE LA COMMUNE DE

VOUVRAY

ET DE SON VIGNOBLE

PAR

AUGUSTE CHAUVIGNÉ

CORRESPONDANT DU MINISTÈRE DE L'INSTRUCTION PUBLIQUE
PRÉSIDENT DE LA SOCIÉTÉ DE GÉOGRAPHIE DE TOURS
SECRÉTAIRE PERPÉTUEL
DE LA SOCIÉTÉ D'AGRICULTURE, SCIENCES, ARTS ET BELLES-LETTRES
D'INDRE-ET-LOIRE

Ouvrage couronné par la Société des Agriculteurs de France

(Ier PRIX, SESSION DE 1908)

TOURS

PÉRICAT, RUE DE LA SCELLERIE, 35

LIBRAIRE DE LA SOCIÉTÉ D'AGRICULTURE, SCIENCES, ARTS ET BELLES-LETTRES
D'INDRE-ET-LOIRE

Il a été tiré 50 exemplaires de cet ouvrage
sur papier couché.

AVANT-PROPOS

La France compte parmi ses richesses naturelles les plus beaux vins du monde, elle les a répandus aux quatre coins de l'horizon, et ils ont conquis, depuis des siècles, une réputation qui leur assure un débouché, non seulement dans notre pays, mais dans toutes les nations étrangères. Partout on acclame les vins de Champagne, de Bordeaux, ou du Midi, partout on voit mousser leur renommée et flamboyer leurs étiquettes provocantes, alors que les vins de Touraine, et de Vouvray en particulier, qui en sont dignes, n'ont pas joui de la même publicité, et n'ont pu, par conséquent, pénétrer, au même degré la masse des populations.

Le viticulteur, par l'excellence reconnue des produits de sa vigne régénérée, a été le meilleur artisan de sa réputation future; mais, à côté de lui, rien de spécial, jusqu'à ce jour, n'ayant été écrit sur le vignoble, en dehors des articles des revues ou des plaquettes commerciales fugitives, il semble qu'une place était à prendre, qu'un ouvrage sincère et documenté sur Vouvray devait peut-être apporter son concours nécessaire : ce livre, le voici.

L'histoire du vignoble, celle de la population qui l'a créé, leur développement économique, les moyens de culture, l'étude de nos merveilleux vins, font l'objet de cet ouvrage. Nous avons recherché les documents épars dans les vieux textes, dont les sources sont toujours citées; nous les avons groupés en essayant de donner au pays et aux hommes leur véritable physionomie, en dégageant les conditions de leur vie propre, et en nous basant sur des statistiques indiscutables, pour faire ressortir comparativement les éléments de crise ou de progrès.

Fidèle à un programme très judicieusement tracé par la Société des Agriculteurs de France, nous n'en sommes sorti que pour y ajouter des données nécessaires, à notre avis, sur la description physique du sol, en leur adjoignant plusieurs cartes destinées à les fixer et à les résumer sous un seul regard.

Notre tâche nous a été grandement facilitée par l'extrême bienveillance qu'a mise M. Mignot, le maire éclairé de Vouvray (1907), à nous donner l'accès des archives municipales, et auquel nous adressons ici l'expression de notre très vive reconnaissance. Nous ne saurions manquer de remercier tout spécialement le dévoué et complaisant secrétaire de la mairie, M. Baufrère, pour l'empressement qu'il nous a prouvé en nous aidant à compulser tous les documents dont il a la garde.

Nous accomplirons enfin un agréable devoir en priant MM. les membres du Jury présidé par M. Emile Cheysson, membre de l'Institut, d'agréer l'assurance de notre gratitude pour la marque de bienveillante estime dont ils ont honoré cet ouvrage. L'éminent rapporteur du concours, M. Gabriel Dufaure, a prouvé, dans une magistrale étude, ses hautes qualités d'économiste et d'agronome; son appréciation a été pour nous le plus précieux encouragement dans une entreprise où nous avons voulu faire, avant tout, œuvre de sincérité, et justifier cette parole des anciens qu'il convient de rappeler ici :

Amicus Plato, sed magis amica veritas.

Fort de nos convictions et de notre documentation, nous croyons avoir dégagé la vérité et mis en lumière un pays qui a conquis, par son travail et ses qualités naturelles, une situation digne du premier rang.

S'il est reconnu que nous y avons réussi, nous en aurons, sans nul doute, puisé les éléments dans notre volonté de prendre notre part de la lutte moderne, et dans l'amour inépuisable que nous professons pour notre petite patrie, la Touraine.

Nous ne saurions terminec res réflexions sans dire ici, avec une sincérité absolue, combien nous avons été touché de l'accueil chaleureux qui a été fait, par le pays de Vouvray, au projet d'édition de cet ouvrage.

Nous remercions, sans réserve, le maire actuel, notre excellent ami M. Charles Vavasseur, qui a été l'actif artisan de cette entreprise, et nous offrons l'expression de notre plus vive reconnaissance aux assemblées et associations suivantes :

Le Conseil général d'Indre-et-Loire;

Le Conseil municipal de Vouvray;

Le Syndicat Agricole et Viticole de Vouvray;

Le Syndicat de défense de la marque de Vouvray;

La Société d'Agriculture, Sciences, Arts et Belles-Lettres d'Indre-et-Loire, qui ont assuré, par leurs souscriptions, la publication de ce livre.

A. C.

PREMIÈRE PARTIE

Introduction historique

CHAPITRE PREMIER

HISTOIRE GÉNÉRALE DE LA COMMUNE

> La main de la Providence paraît se trahir dans ce merveilleux ensemble qu'on prendrait volontiers pour l'œuvre de la réflexion et du calcul, et non pour l'effet du hasard.
>
> STRABON.

Période ancienne. — Les paroles qui précèdent cet ouvrage, et que Strabon a prononcées en pensant à la Gaule, sont également bien applicables à la Touraine, qui en est le centre, et à la commune de Vouvray, qui est située au cœur même du Jardin de la France, à quelques kilomètres de Tours, sur les bords de la Loire, l'un des plus beaux et des plus français de nos fleuves.

Aucune région ne peut offrir un accord aussi parfait, une harmonie aussi grande dans la configuration de son sol pour favoriser son développement et créer, de tous temps, un si admirable réseau de voies de communication.

Les textes les plus anciens sont unanimes à proclamer la fertilité et les charmes de cette contrée.

Tibulle chante le bleu des eaux de la Loire en ces termes :

Testis Arar, Rhodanusque celer, magnusque Garumna
Carnuti et flavi cærula lympha Liger.

Aussi haut que nous puissions remonter dans notre histoire, que trouvons-nous sur ce sol sauvage et inculte? De vastes plaines, une vallée et des plateaux sillonnés au hasard, autant par les animaux sauvages que par l'homme; puis le grand fleuve torrentueux, des ruisseaux murmurant lentement dans un profond silence, encore plus vieux que nos plus anciens souvenirs. Des peuplades d'origines et de civilisations diverses traversèrent le pays, s'y fixèrent parfois, semblant choisir un lieu selon leurs goûts pour y développer les germes de leur industrie. C'est ainsi que, dans la plaine, près du fleuve qui fut appelé plus tard Liger, et à peu de distance du confluent du Cher (Caris), s'établit une population lacustre portant un nom gallo-celte, qui s'est perdu dans la nuit des temps, et que nous retrouvons sous la forme *Turones*. Avec le temps elle se transporta sur la côte de la rive droite où des vestiges anciens attestent sa présence, elle s'élargit, essaima par petits groupes, et c'est l'un de ces groupes, fixé à 10 kilomètres en amont de Tours, qui donna vraisemblablement naissance au pays de Vouvray, objet de cette étude.

Les limites du territoire occupé par ce peuple sont bien vagues, on sait seulement que leurs voisins étaient : au nord, les *Aulerci-Cenomani* et les *Carnutæ* ; à l'est et au sud, les *Bituriges-Cubi*, et enfin à l'ouest et au sud, les *Andecavi* et les *Pictones*[1].

Depuis cette époque il est aisé de comprendre que le territoire de Vouvray, si proche de la capitale tourangelle, fut intimement lié aux événements et aux destinées de la province tout entière. Aucun fait important, aucune circonstance particulière, aucun monument ne vient attester une histoire spéciale, une vie indépendante ou caractéristique ; il nous faudra donc suivre l'évolution de la province dans ses événements principaux jusqu'à ce que le caractère communal se dessine.

Les Romains, se répandant en Gaule avant notre ère, envahirent la Touraine seulement vers l'an 122 après Jésus-Christ et imposèrent aux peuplades leurs divisions territoriales ; c'est ainsi que le territoire des Turones fut compris dans la 3e Lyonnaise sous cette dénomination : *Provinciæ Lugdonensis tertiæ Metropolis civitas Turonum*[2].

Vouvray entra donc ainsi, dès cette époque, dans la plus ancienne division civile qui soit connue, et Grégoire de Tours est le premier à en parler.

Le flot vainqueur des Wisigoths passa, en 480, à la surface du pays jusqu'au moment où les Francks, descendus du Nord, en 507, avec Clovis, détruisirent la domination romaine et firent passer la Touraine sous leur empire.

Pendant la domination romaine la population gauloise avait sensiblement diminué ; on croit qu'elle ne fut jamais très considérable en Touraine, en raison de l'importance des bois et des forêts. Les vallées des rivières et surtout de la *Loire* et de la *Cisse* étaient seules

1 VALKENAER, *Archéologie celtique et gauloise*.

2 *Documents géographiques sur la Touraine*, par M. de La Ponce (*Mémoires de la Société archéologique de Touraine*, t. IX, p. 148).

livrées à la culture, le surplus présentait de vastes landes sans habitations.

Origines et transformations du nom de Vouvray. — Il serait superflu de chercher une signification dans ce nom de lieu dont le sens risquerait de se perdre dans la nuit incertaine des étymologies. Bornons-nous donc à constater les formes anciennes que nous avons rencontrées et notons-les avec tout l'intérêt qu'elles comportent. Le premier titre où on le retrouve est daté de 774 et appartient à l'illustre abbaye de Saint-Martin; Charlemagne y confirme les donations faites à l'abbaye de Tours : *ut Vobridius*[1].

En 862, un diplôme de Charles le Chauve, à l'occasion d'une nouvelle restitution à Saint-Martin, s'exprime ainsi : *Vobredius super Ligerim cum manso dominicato et factis* 33, *restitui*[2].

Un peu plus tard, en 887, le chapitre de Saint-Martin fait lui-même donation de Vouvray, qui passe aux mains du seigneur de Beaugency, en ces termes : *Canonici vero B. Martini... barones magnis feodis ditaverunt, scilicet dominum de Bangenciaco, de Voreio super Ligerim*[3]...

Mais, au xe siècle, sous Charles le Simple, en 920, et sous Hugues Capet en 987, les possessions de Saint-Martin de Tours sont confirmées sous une forme nouvelle : *Vobridius*, alias *Vobridius super Ligerim*[4].

Un autre titre nous donne encore, non seulement une variante, mais encore une indication géographique : *Vovroi qui est juxta Roiches* (xiie siècle), en nous faisant aussi connaître le nom ancien de Rochecorbon, lieu voisin, sous le nom de *Roiches*[5].

Avec le xiiie siècle nous voyons la forme moderne faire un nouveau pas et apparaître peu à peu : *Ecclesia S. Mariæ de Vovreio* (1209)[6]; *Vovray* (1284)[7]; *Parochia de Vouvrayo* (1290)[8]; *Voveray* (1437)[9].

A partir de cette époque les citations sont nombreuses et n'offrent plus d'intérêt.

1 Arch d'I.-et-L., G. 14, titres de Saint-Martin (E. schedis Baluz).
2 *Amplissima collect.*, t. I, p. 160.
3 *Chronicon turonum magnum.*
4 *Idem*, pp. 250, 258, 273, 340.
5 *Miss. B. Martini.*
6 *Charte de Saint-Martin.*
7 *Charte de Jeanne de Vouvray.*
8 *Lib. Jurament.* et *Cartulaire* de l'Archevêché de Tours.
9 *Charte de Saint-Martin.*

La féodalité, les fiefs, domination des abbayes. Le Moyen âge. — Les grandes divisions se créèrent alors en France et la Touraine passa alternativement du royaume d'Austrasie au royaume de Neustrie.

Pendant cette période troublée où l'autorité royale est indécise, où les princes affaiblis — aux heures des luttes légendaires de Thibault Ier, comte héréditaire de Touraine, de Foulques Nerra, comte d'Anjou, et des comtes de Blois — n'obéissent qu'aux passions violentes, une seule main s'étend sur le pays et, en particulier, sur Vouvray : celle des évêques et des abbayes, pour le protéger et le conserver à lui-même. Cette main fut presque toujours pesante et dominatrice, et si parfois elle fut crispée par l'avide désir des richesses, elle fut cependant le salut pour la région.

Dès les premiers temps de la féodalité, nous voyons à Vouvray le régime s'organiser, les fiefs se former: au VIIIe siècle le territoire, représentant environ la commune actuelle, appartenait à la collégiale de Saint-Martin, ainsi que nous l'ont appris les titres de confirmation cités plus haut.

Il était lui-même divisé en trois fiefs : la *Cour de Vouvray*, le *Bouchet*, les *Dîmes de Vouvray*, qui peuvent être considérés comme le point de départ d'une organisation locale et qu'il nous faut connaître dans leur histoire.

1° La Cour de Vouvray et le Bouchet. — Ces deux fiefs, qui furent d'abord distincts pendant une période indécise dont les documents nous échappent, furent, dès le XVe siècle, réunis en une châtellenie dont nous rencontrons une longue suite de seigneurs relevant du roi, à cause du château de Tours. Dans les hommages rendus depuis 1479 jusqu'à la fin du XVIIIe siècle, nous voyons ces fiefs désignés sous le nom de *Cour de Vouvray* (1479), la *Cour-le-Bouchet* au XVIIe siècle, *Fief de la Cour et du Bouchet* en 1778[1].

Le premier seigneur possesseur de la châtellenie est Pierre Berruyer, qui vivait en 1400, et Claude-Pierre Le Fébvre, chevalier, seigneur de la Falluère et de Jallanges (fief voisin), qui l'avait acquise par acte du 22 décembre 1780 des héritiers de Henriette-Madeleine Bernin de Valentinay, marquise d'Ussé, morte en 1778, semble être le dernier titulaire.

En effet, quelques années après, l'habitation seigneuriale avait

[1] *Rôle des fiefs de Touraine* (Bibliothèque de Tours, manuscrit 1420); *Familles et Paroisses de Touraine* (fonds Salmon). Archives nationales, Gaignières, 678.

disparu presque totalement et il n'en restait qu'une faible portion où se tenait l'école et où le Bailli rendait la justice.

2° Les Dîmes de Vouvray. — Ce troisième fief relevait du roi en raison du château de Tours et était composé uniquement de dîmes et de cens ; par un hommage rendu le 3 juillet 1393, il appartenait à Jean IV de Bueil, qui s'est rendu célèbre par ses exploits contre les Anglais dans la partie méridionale de la Touraine et de la France et périt à la bataille d'Azincourt.

Son frère Hardouin de Bueil, évêque d'Angers en 1399, fut également possesseur des Dîmes de Vouvray pour quelques années, après lesquelles il les donna au chapitre de son église.

Enfin, le fief des Dîmes passa en 1785 à la prévôté d'Oé, dont les titulaires relevaient de la collègiale de Saint-Martin de Tours. Leur juridiction s'étendait sur nombre de paroisses environnantes, ils tenaient leurs assises en divers lieux et notamment à Vouvray pendant une période qui alla du XIVe au XVIe siècle y compris [1].

Des différends survinrent à diverses époques, nous en avons des traces par l'accord qui eut lieu en 1219 entre le chapitre de Saint-Martin et Robert de Brenne, seigneur de Rochecorbon, au sujet de l'exercice des droits de haute justice du prévôt d'Oé sur le territoire de Vouvray [2].

Ainsi qu'on peut s'en rendre compte par les fréquentes relations que nous avons été dans la nécessité de faire des grandes abbayes de Touraine, leur rôle eut une importance primordiale et prépondérante sur le pays de Vouvray.

Nous voyons la collégiale de Saint-Martin de Tours, si universellement connue par le nom de son patron, le chapitre de Saint-Gatien, la cathédrale métropole, le monastère de Marmoutier, tout voisin, que l'histoire dénomma *majus monasterium*, étendre tour à tour sur Vouvray un bras puissant au cours somnolent des siècles du moyen âge, et le faire passer d'une domination à l'autre, ballotté par l'envieuse rivalité des abbés et des chapitres, donner le meilleur du travail de sa population pour grossir des revenus qui atteignaient des sommes considérables.

La fortune de ces institutions fut variable, Marmoutier, riche dès le début, fut cependant saccagé par les Normands en 853 ; il survécut pourtant et, après bien des alternatives, retrouva toujours sa

[1] Arch. d'I.-et-L., E. 16.

[2] *La Pancarte noire de Saint-Martin* (451-452), E. Mabille.

puissante richesse, jusqu'à posséder 80.000 livres de revenus alors que Saint-Martin de Tours, plus opulent encore, recevait annuellement plus de 150.000 livres de bénéfices[1].

La culture se développait en même temps et le pays produisait du blé, du chanvre, du lin, des noix, des fruits, des légumes et du vin en quantité. Les pâturages nourrissaient beaucoup de bestiaux, les forêts donnaient le gland pour de nombreux troupeaux de porcs, les abeilles s'installaient dans les troncs des arbres et donnaient le miel et la cire en assez grande abondance pour constituer aux Tourangeaux une réputation et un revenu considérable.

Mais, à côté de ces circonstances, les éléments du commerce local vinrent apporter leur aide au développement de la condition des populations qui s'étaient groupées autour de Vouvray et sur son territoire, situé en bordure sur les rives de la Loire. Les associations de marchands et de nautoniers, qui faisaient les transports des marchandises, depuis les temps les plus anciens jusqu'au XIIIe siècle, vinrent unir leurs efforts et leurs intérêts, et fondèrent, au cours du XIVe siècle, *la communauté des Marchands fréquentant la rivière de Loire et fleuves descendant en icelle*[2]. Pour la première fois nous rencontrons les premiers actes de cette compagnie en 1344 et nous constatons que le lieu dit *Portus Rupium*[3], ancien port gallo-romain situé à proximité de Rochecorbon et de Vouvray, est le port d'attache qui servait à la réception et à l'expédition des marchandises des deux localités.

Ce port recevait encore les avantages des voies de communication de terre par le voisinage immédiat de la voie romaine de Tours à Orléans — Cesarodunum à Genabum — et, dans la suite, par la même voie entretenue.

Plus tard nous apprenons, par Cassini, la présence sur le bord de la Loire, à l'extrémité de ce qui est aujourd'hui la commune de Vouvray et en face de Montlouis, d'un port : *la Frillière*, qui ne semblait pas exister avant le XVIe siècle, et qui pourtant était un fief relevant de la châtellenie et de la prévôté de Vouvray. La Frillière fut, dans la suite, une station avec relai de poste sur la route de Tours à Orléans et Paris.

1 *Tableau de la province de Touraine* (Bibliothèque de Tours, manuscrit 121).

2 MANTELLIER, *Histoire de la communauté des marchands fréquentant la rivière de Loire*, t. I, p. 27.

3 *Charte de Marmoutier* (*Cartulaire* de l'archevêché de Tours).

De la Renaissance au XVIIe siècle. — Cette époque, qui est très pauvre en faits historiques relatifs à Vouvray, ne méritera pas de nous arrêter longtemps. Alors que la Renaissance a peuplé la Touraine, de toutes parts, de résidences royales et d'édifices qui sont pour elle une gloire et un merveilleux ornement, Vouvray n'a vu que passer les événements, aucun ne s'y est arrêté, n'y a laissé de traces. Seul le fief de Moncontour — *Moncontor* en 1315 — a pris quelque consistance et est devenu une châtellenie assez considérable. La célèbre famille des de Craon, qui donna plusieurs sénéchaux de Touraine, la posséda aux XIIIe et XIVe siècles. Elle passa successivement dans de nombreuses mains et les titres abondent où nous voyons ses possesseurs rendre foi et hommage aux seigneurs de Chaumont-sur-Loire, desquels ils relevaient. La date de la construction primitive nous échappe; elle devait avoir une importance, si on en juge par la reconstruction qui fut faite en 1789. Privé d'ornementations luxueuses qui dénotent ordinairement, sans hésitation, le mouvement de la Renaissance française, son corps de logis, flanqué de trois tours rondes à toits pointus, ne présente qu'un intérêt relatif qui le fait placer à l'époque de transition du XVe siècle.

Placé sur les bords de la côte escarpée qui domine la Loire, dans une situation merveilleuse, le château de Moncontour fut surtout une habitation de plaisir et ne joua aucun rôle dans les événements violents de l'histoire locale.

En dehors de l'administration du pouvoir féodal qui exerçait ses droits militaires, ses droits de justice et de redevances, l'autorité ecclésiastique, seule connue dans presque toute la France, sauf quelques exceptions, avait organisé le pouvoir civil par l'administration de ses paroisses dont le curé était le chef autorisé.

Les origines de la paroisse de Vouvray se perdent dans la nuit des temps; nous savons seulement qu'elle dépendait de l'archidiaconé d'Outre-Loire, du doyenné de Vernou, pays voisin situé à l'est, et que les registres de l'état civil commencent seulement en 1591; mais ils sont si incomplets, avec des lacunes si considérables, et les archives de la mairie de Vouvray sont si pauvres, que ce n'est guère qu'en 1769 que nous trouvons le premier registre conservé des délibérations du conseil de fabrique.

Pendant ce temps, le gouvernement de la province s'était organisé, les sénéchaux avaient été supprimés par Philippe de Valois, et François Ier avait changé la forme administrative en créant, par un édit du 7 septembre 1542, les dix-sept généralités qui partagèrent la

France jusqu'en 1790. La généralité de Tours comprenait seize élections et Vouvray fit partie de celle de Tours.

Les documents qui résultent de l'administration de la généralité par les Intendants nous fourniront, dans la suite, des renseignements précieux ; pour ce qui nous occupe actuellement, nous sommes tributaires des rares registres de la paroisse et surtout d'un *Inventaire des paroisses* [1], que nous avons pu retrouver et qui nous montre le rôle prépondérant, et unique même, du curé et du syndic dans l'expédition des affaires journalières.

Du XVIIIe au XXe siècle. — A défaut d'archives plus anciennes et d'un autre ordre, il nous faut nous en rapporter aux registres des délibérations de la fabrique de Vouvray : le premier qui se présente à nous est daté de 1769 ; avant cette date c'est l'obscurité.

Pendant la période qu'embrasse ce premier cahier [2], c'est-à-dire jusqu'en 1777, nous voyons la paroisse administrée par un *conseil* composé de :

Le curé, président ;

Deux procureurs ;

Deux commissaires ;

Un syndic ;

Et divers membres pris parmi les notables habitants, en nombre incertain.

Son rôle est indécis, ramenant tout à l'ordre religieux, il s'occupe à la fois d'intérêts privés et généraux ; son ingérence dans les affaires communales, dont l'organisation nouvelle est proche, prouve que le conseil, personnifié par le titulaire de la cure, disposait seul de l'administration.

Le conseil se réunissait, au cours de 1769, irrégulièrement, mais généralement deux fois par mois.

Pour la première fois, dans la séance du 29 mai 1788 [3], après une lacune regrettable de onze ans dans la série des registres, nous rencontrons le titre *d'assemblée municipale* de la paroisse remplaçant celui de « conseil de fabrique ».

1 *Inventaire des paroisses de* 1615 (Manuscrit n° 1496, Bibliothèque de Tours). — A la date du 8 septembre, il est question de dépenses faites pour l'achat d'un crucifix qui nous fera rappeler ultérieurement ce document.

2 *Registre des délibérations du conseil de fabrique de* 1769 *à* 1777 (mairie de Vouvray).

3 *Registre des délibérations de l'assemblée municipale de la paroisse de Vouvray*, 1788 à 1790 (mairie de Vouvray).

La composition de cette assemblée est la même que celle du conseil fabricial. Le curé préside les onze membres réunis et le syndic est remplacé par un greffier.

L'action directe dans les affaires communales est complète et, dans la séance du 29 mai 1788, l'assemblée s'occupe de la grave question des impôts. L'État est pauvre, il répartit des charges nouvelles sur les provinces pour se créer les ressources nécessaires; on discute la somme demandée à Vouvray par l'assemblée provinciale et on la fixe enfin à 2.355 livres 16 s. 9 d.

Dans une séance du 3 septembre de l'année suivante (1789), un nouvel appel de fonds est adressé par la municipalité de Tours pour subvenir à l'État. La perception rapide de l'impôt est nécessaire et l'assemblée de Vouvray décide de l'opérer en quatre mois.

L'évolution de la forme communale se faisait rapidement, quelques mois suffirent pour la déterminer, et, le 31 janvier 1790[1], l'ancien conseil de fabrique, devenu l'assemblée municipale, prenait ouvertement dans les procès-verbaux le nom de *commune*, précédant ainsi de peu les décrets de l'Assemblée nationale de juin 1790 qui créèrent les départements français.

En 1793, Vouvray fut compris dans la district de Tours.

Le souffle de la Révolution passa sur la commune sans y laisser des troubles très profonds. Les idées nouvelles changent la direction municipale ; nous voyons, dans les procès-verbaux, les noms nouveaux se substituer aux anciens ; le nom du curé disparaît des listes avec tous ceux des nobles, et les élus acclament avec ardeur les principes de la Révolution.

En 1790, la paroisse est desservie par l'abbé Dulièpvre, curé constitutionnel.

Les théories violentes sont développées dans les réunions qui deviennent tumultueuses et les discours les plus ardents s'étalent dans des adresses de dévouement à la Convention, à Robespierre, au Comité de Salut public, etc.

L'orage étant passé, le calme revint; le conseil de la commune se modéra et, dans les années qui suivirent, la grande épopée napoléonienne absorba tous les enthousiasmes. Nous assistons aux déclamations patriotiques, aux dons généreux de soi-même dans les enrôlements; les paysans descendent des hauteurs de la commune

[1] *Registre des délibérations de la commune de Vouvray*, 1788 à 1790 (mairie de Vouvray).

et viennent se ranger sous les plis des drapeaux tricolores qui flottent sur la place de l'Église, devant les restes du logis seigneurial où se tenaient les anciens baillis.

Alors, dans le sein du conseil municipal de Vouvray devenu impérialiste, se rencontre un mélange de libéraux anciens, de bonapartistes de la veille et de nobles de l'ancien régime. La physionomie des séances est intéressante à suivre, de renouvellement en renouvellement, et laisse une vague idée de la constance des opinions des hommes.

Nous assistons ainsi à une alternative de dévouement à la royauté et de fiévreuses revendications, selon que nous tournons les feuillets des délibérations qui conduisent de la Restauration à 1870 en passant par 1848.

Enfin, c'est l'heure sombre des revers qui sonne avec la fin de l'année 1870 ; les petits mobiles du departement d'Indre-et-Loire, dans lesquels les Vouvrillons ont pris leur rang, connaissent la misère des défaites de l'armée de la Loire, pendant que leurs familles entendent, à 10 kilomètres de Vouvray, les fusillades de la bataille de Monnaie (20 décembre 1870) et subissent le joug de l'invasion jusqu'en février 1871.

Le régime républicain, installé depuis définitivement en France, a bouleversé une fois encore la composition du conseil municipal de Vouvray, qui, entièrement conquis aux idées modernes, n'a cessé de donner au pays, jusqu'à ce jour, une série de maires appréciés et dévoués.

CHAPITRE II

HISTOIRE DÉMOGRAPHIQUE

Origines de la population. — Quel est le premier groupe de population errante qui est venu se fixer à Vouvray et y fonder ce que nous connaissons sous le nom de Pagus ? La réponse à cette question doit, comme elle, rester dans le vague, et nous devons nous en rapporter à des déductions hypothétiques. Cependant, on croit savoir que la peuplade des Turones faisait partie de la confédération des *Aulerci*, qui elle-même était une des principales branches de la grande famille des Gaulois [1].

La tribu qui choisit, pour s'y asseoir, les pentes du coteau de la Loire, à l'embouchure de la Cisse, et se logea sans doute dans les grottes de son rocher tuffeux, abrité du nord et de l'est, dans la douceur d'un climat exceptionnel, descendit-elle des plateaux du nord occupés par les *Aulerci Cenomani*, ou s'échappa-t-elle de la station paludéenne qui fut *Cesarodunum*? Mystère. Il ne semble pas douteux cependant que les origines soient les mêmes et que nous nous trouvions en présence du type *gallo-celte*.

Quelles modifications ce type primitif a-t-il subies pendant les siècles suivants, par l'occupation des Francks, par le long séjour des légions romaines, par l'envahissement des Wisigoths et des Sarrasins.

Les deux derniers peuples n'ont pas à entrer en ligne de compte, puisque le flot sarrasin s'est arrêté sur les bords de la Loire et que les Wisigoths se cantonnèrent surtout dans le Sud.

Il reste donc les influences romaines et franques qui formèrent, avec les peuples celto-gaulois, le type français du Centre.

Sans entrer dans d'autres détails, qu'il nous suffise de signaler la

[1] César, *de Bello Gallico*, lib. II, cap. xxxv.

force et l'intelligence du Turon, son goût pour la vie paisible qui lui vient des anciennes tribus sédentaires, son affinité pour les arts, les lettres, les sentiments élevés, qui puise sa source vive dans la race latine, et rectifions l'épithète de César dans les *Commentaires :* « *Molles imbelles Turones* ».

Certes, la race présente peu de goût pour la vie violente et extérieure, mais elle a prouvé maintes fois son énergie et elle est restée victime, dans l'opinion, d'une mauvaise interprétation du texte du dictateur romain, qui a voulu seulement exprimer le caractère peu belliqueux de nos ancêtres et non pas les accuser de mollesse et d'apathie.

Il est plus juste d'accorder crédit aux paroles du Tasse qui séjourna en Touraine, et qui, charmé par les paysages, par le climat et par la nature du peuple, n'hésita pas à dire dans la *Jérusalem délivrée :* « Ce pays de douceurs, de joies et de délices produit des habitants qui lui ressemblent. »

Mariages. — Naissances. — Décès. — Il nous paraît évident que le territoire qui fut plus tard la commune de Vouvray ne porta primitivement qu'une faible population sur laquelle nous ne pouvons avoir aucune indication. La longue période du moyen âge ne fut pas propice à son développement et il nous faut arriver jusqu'au XVIe siècle pour en avoir un aperçu sérieux.

D'autre part, si nous pouvions compulser les chiffres, nous sommes certain que les différences constatées entre les XIVe, XVe, XVIe, XVIIe siècles, seraient considérables.

Approximativement, Vouvray devait compter au XIVe siècle moins de 150 feux, soit 600 habitants environ ; mais la fabrication des étoffes de soie, établie en 1470 par Louis XI en Touraine, provoqua rapidement une extension considérable de la population, au point qu'on peut estimer, pour Vouvray seulement, la population à près de 1.000 habitants. Cette augmentation est due à l'installation de nombreux ouvriers activant des métiers répartis dans toutes les paroisses environnant Tours, pendant le cours des XVIe et XVIIe siècles[1].

La preuve nous en est fournie par les différences constatées par les rapports des intendants de Touraine qui signalent la présence, à Tours et à plusieurs lieues à la ronde, de 20.000 ouvriers en soie

[1] *Tableau de la province de Touraine.*

mettant en œuvre 8. 000 métiers, 700 moulins et 40.000 dévideurs [1].

Mais la révocation de l'Édit de Nantes survint en 1685 et, dès l'année suivante, le chiffre des métiers en œuvre tombe de 8.000 à 1.600, ce qui ramène vraisemblablement le nombre des feux au-dessous de ce qu'il était au xve siècle.

Les avantages de la culture, les richesses qu'on trouvait en terre, et les facilités commerciales ramenèrent promptement la prospérité; il fallut cependant un certain nombre d'années, que nous ne pouvons préciser, pour que les foyers déserts se repeuplassent à nouveau, comme nous le verrons plus loin dans l'exposé du mouvement de la population.

Les registres de l'état civil contiennent des lacunes regrettables que rien ne peut combler, ils commencent seulement en 1592[2], et signalent, pour tout détail, 92 naissances. Il nous faut faire un saut de juste un siècle pour rencontrer les indications suivantes, pour un *semestre* seulement.

	Naissances	Mariages	Décès
Année 1692 (6 mois)	15	12	29

Puis nouvelle lacune :

Année 1700	102	29	67

Enfin, en 1740, nous pouvons prendre la série des registres et les reproduire ici par périodes décennales :

	Naissances	Mariages	Décès
Année 1740	59	24	198
— 1750	64	23	88
— 1760	78	26	57
— 1770	70	7	57
— 1780	76	27	69
— 1790	71	18	59
— 1800 (an VIII)	69	7	40

Les mouvements pendant le xixe siècle étant peu sensibles d'une année à l'autre, nous les comparons par période de vingt-cinq ans seulement.

	Naissances	Mariages	Décès
Année 1825	58	9	69
— 1850	55	13	39
— 1875	45	15	51

[1] *Etat de la généralité de Touraine* (1688), P° 12 (Archives du ministère des Affaires étrangères, France, n° 1750).

[2] Archives de la mairie de Vouvray. Registres de l'état civil.

De l'ensemble de ces tableaux il résulte que, dans le cours du XVIIIe et du XIXe siècle, le chiffre des décès reste à peu près le même, alors que le nombre des mariages décroît et que celui des naissances descend de la façon la plus sensible. Cette situation est commune à toute la France, elle est signalée par tous les statisticiens. Nous devons donc constater, une fois de plus, les fâcheuses dispositions des siècles qui précèdent le nôtre et qui préparent à ce dernier l'écueil si redouté de la dépopulation.

Nous verrons, dans la deuxième partie (p. 107 et suiv.) de cet ouvrage, quels sont les chiffres des premières années du siècle que nous considérons comme l'*état actuel*, et nous jugerons du jour défavorable sous lequel se présente cette question primordiale pour la France future.

En comparaison de ce qui précède, jetons un coup d'œil sur le mouvement de la population du territoire de Vouvray pendant le XVIIIe et le XIXe siècle.

Les dénombrements de 1698 [1] nous permettent d'évaluer la population à 200 feux, soit 800 habitants. La progression est montante et s'accentue au cours du XVIIIe siècle, puisque le recensement de 1761 [2] nous fournit des chiffres qui varient de 400 à 625 feux, soit de 1.600 à 2.500 habitants de 1700 à 1800.

Le tableau décennal ci-dessous donnera l'aspect des mouvements de la population pendant le XIXe siècle [3].

Année		Habitants		Superficie
Année	1801	2.520	habitants	1ha,115
—	1810	2.500	—	
—	1821	2.424	—	
—	1831	2.610	—	
—	1841	2.443	—	
—	1851	2.418	—	
—	1861	2.438	—	
—	1872	2.180	—	
—	1876	2.227	—	
—	1881	2.246	—	
—	1891	2.250	—	
—	1896	2.361	—	

Population spécifique par hectare 1.115

Il est aisé de remarquer que la dépopulation se manifeste de plus en plus à partir de 1831 ; il faut en excepter l'année 1872 qui subit

[1] Rapport de M. de Miromesnil, Intendant de Touraine.

[2] *Tableau de la province de Touraine*, établi sous la direction de M. de Voglie, ingénieur en chef de la généralité (1762).

[3] Archives de la mairie de Vouvray.

la perte occasionnée par l'année néfaste. Après cette date le niveau remonte et semble revenir, en 1896, vers sa moyenne normale du milieu du siècle.

Enfin réunissons dans le tableau ci-dessous une série de documents épars, qui établissent complètement l'aspect de cette question intéressante.

ANNÉE DU DÉNOMBREMENT	NOMBRE DE MAISONS	MÉNAGES	HOMMES				FEMMES				ENFANTS NATURELS	ÉTRANGERS	NATURALISÉS
			GARÇONS	MARIÉS	VEUFS	DIVORCÉS	FILLES	MARIÉES	VEUVES	DIVORCÉES			
1872	822	769	432	567	74		382	554	171				
1891	748	761	483	564	81	1	402	559	157	3	9	4	1
1896	759	812	461	588	73	2	442	596	165	1		33	

Le dénombrement de 1891 nous donne encore des détails utiles sur la durée de la famille et sur sa fécondité; nous les résumons dans les tableaux suivants[1] :

DURÉE DU MARIAGE

De 1 jour à 2 ans	43	ménages
3 à 5 ans	41	—
6 à 10 —	94	—
11 à 15 —	104	—
16 à 20 —	98	—
21 à 25 —	87	—
26 à 50 —	292	—
50 et au-dessus	27	—
Divorce	1	—

NOMBRE D'ENFANTS PAR MÉNAGE

1 enfant vivant	228	ménages
2 — —	160	—
3 — —	82	—
4 — —	33	—
5 — —	9	—
6 — —	7	—
7 et au-dessus	6	—

Ménages sans enfants (les détails manquent).

[1] Archives de la mairie de Vouvray.

NOMBRE D'ENFANTS PAR MÉNAGE

(Recensement de 1896)

Ménages sans enfants	193 ménages
1 enfant vivant	264 —
2 — —	205 —
3 — —	92 —
4 — —	41 —
5 — —	19 —
6 — —	7 —
7 et au-dessus	7 —

Emigration, Immigration. — D'après ce qui précède, il est aisé de reconnaître que les mouvements migratoires ne sont pas importants et ne peuvent conduire à aucune déduction sérieuse. Seules les guerres du premier Empire ont sensiblement amoindri la population pendant les années de 1810 à 1821, ainsi que celle de 1870 qui enlève près de 400 habitants à la commune en 1872. En dehors de cela, un très faible mouvement, dans un sens ou dans l'autre, peut être constaté et encore devons-nous remarquer qu'il échappe aux recensements. Tous les ans, au mois de juillet, les paysans, dans une proportion de 100 à 200, émigrent en Beauce pour aller y faire les moissons : les travaux des vignes sont terminés à cette époque (surtout pendant le XIXe siècle où la culture de la vigne ne réclamait pas autant de soins) et on les voyait revenir, le gousset garni, dans les premiers jours de septembre. Puis, peu après, ils reprenaient des directions diverses pour aller faire les vendanges dans les vignobles rouges du département. Les vendanges blanches de Vouvray ne se faisaient, en moyenne, que dans la deuxième quinzaine d'octobre, les Vouvrillons rentraient alors au pays pour y opérer leur propre récolte, ou celles auxquelles ils étaient tenus comme closiers.

Un léger mouvement d'immigration se produisait alors pour les mêmes causes de la part des cultivateurs du vignoble rouge qui allaient prêter leur concours à ceux de Vouvray.

Répartition professionnelle. — Enfin, nous terminerons cette importante question de la population en reproduisant ici quelques documents sur l'état des professions au cours du XIXe siècle.

Les chiffres du dénombrement de 1872 nous font connaître que 1824 propriétaires vivaient sur leurs terres et les cultivaient eux-mêmes, alors qu'on comptait 13 fermiers et 8 personnes qui exerçaient des professions agricoles accessoires, telles que charretiers, terrassiers, laboureurs, etc.

Les autres professions se répartissaient selon le tableau ci-dessous dans lequel on remarquera la prépondérance des professions se rattachant à la vigne et à quelques industries spécialement locales, comme la tonnellerie, le tissage, la vannerie exploitant les oseraies des bords de la Loire, dont les produits étaient en majorité expédiés sur Nantes. Signalons, aussi la fabrication des briques et les entreprises de transports, en raison de la grande route de Tours à Paris dont l'énorme circulation traversait la partie basse de la commune.

Maréchaux ferrants	2
Sabotiers	3
Serruriers	2
Voiturier par terre	1
Tisserands	4
Tonneliers, courtiers en vins	13
Marchands de briques	4
Vanniers	6
Maçons	2
Menuisiers	2
Jardiniers	3
Merciers-rouenniers	3
Aubergistes	9
Boulangers	2
Bouchers	2
Bourrelier	1
Charpentier	1
Charrons	2
Cordonniers	3
Epiciers	4[1]

[1] Archives de la mairie de Vouvray; *Statistique commerciale du département d'Indre-et-Loire*, par Moreau (Bibliothèque municipale de Tours, n° 2572).

CHAPITRE III

HISTOIRE ÉCONOMIQUE

Division de la propriété. — Il faut s'en rapporter aux connaissances générales sur l'origine de la propriété en Touraine pour examiner cette question dans la période primitive de notre histoire. Les données précises ne se rencontrent que fort tard; en attendant de les aborder, jetons un regard sur le moyen âge.

Il est indéniable que c'est le pouvoir religieux qui, dès les origines, a donné l'impulsion des conquêtes du travail et de la culture sur les terres mortes. Des abbayes modestes s'élevèrent çà et là, aussitôt des établissements ruraux se fondèrent à l'ombre de leur protection. Les abbayes de Saint-Martin de Tours et Marmoutier jouissant, dès leur fondation, d'une puissante influence, favorisèrent la création de ces stations; elles créèrent, selon les lieux, tantôt une celle — *cella* — ou une grange — *grangia* — comme à Parçay et à Vouvray (grange des dîmes), y installèrent des serfs qui s'emparèrent des terres incultes, les défrichèrent, et auxquels succédèrent des tenanciers, premiers détenteurs du sol. Peu à peu des villages se formèrent, parmi lesquels nous rencontrons le nom de Vouvray — *Vobridius* — germes des paroisses futures qui ne tardèrent pas à s'organiser.

Dès lors, l'influence des abbés se généralisa, elle s'étendit sur la plus grande surface de la commune, embrassa la région et donna naissance à la richesse de ces institutions qui devinrent, comme celle dont nous venons de parler, les propriétaires d'importants territoires.

Le régime féodal s'accommoda aisément d'une telle situation : il participa à cette influence par l'institution des fiefs, des redevances, des droits de foi et hommage-lige et de suzeraineté. L'âpreté avec laquelle les droits étaient défendus, les dîmes perçues, prouve bien les tentatives que faisaient les roturiers pour échapper au servage et revendiquer leur part du sol qu'ils avaient fécondé de leur travail.

Peu à peu, on constate des cessions de droits et de terres, des *baux à cens* qui acheminent vers la vente et la possession par des mains mercenaires.

La propriété s'établit sur cette base : les grandes étendues appartiennent aux seigneurs et les petits lopins de terre sont cédés aux serfs affranchis et à la roture, disséminés çà et là.

Echappant toujours de plus en plus aux puissants détenteurs, en faveur des petits propriétaires, nous voyons, sans vouloir nous arrêter à des détails inutiles ici, le morcellement qui commence et s'accentue à mesure que nous franchissons la période du moyen âge et de la Renaissance. Le domaine de Montcontour, qui relève de Chaumont et de la coutume de Blois, est des plus considérables avec les seigneurs de Craon, d'Espinay, François de Lutz, Lefebvre de la Falluère, seigneur de l'Echeneau, etc. En 1639, nous voyons le possesseur Claude Marteau de Vaumorin, par acte du 9 septembre[1], vendre à Christophe de Bordeaux, le domaine de Montcontour pour 24.000 livres, son étendue était alors de 150 arpents. De ce chiffre nous pouvons tirer un renseignement utile pour établir la plus-value acquise par la propriété vers la fin du XVIIIe siècle.

La terre de Montcontour était vendue, le 28 avril 1789, à Marie-Charlotte de Vassan, veuve de Albert-Henri Clairembault, marquis de Vandeuil, qui en donnait 84.000 livres, soit cent-cinquante ans après la vente signalée plus haut.

Les archives départementales abondent en renseignements ; les titres des abbayes et des collégiales s'ouvrent pour nous montrer les mouvements de leurs propriétés. Le fief de l'Echeneau et les Bidaudières appartenaient à la prévôté d'Oé, les Verneries à la collégiale de Saint-Martin, la Gaillardière au chapitre de Saint-Gatien de Tours et fut vendue nationalement, le 19 septembre 1791, pour 10.300 livres[2]. Le Haut-Lieu, bien national acquis sur Michel Clément Leduc, prêtre déporté en 1793, appartenait également aux abbayes.

En résumé, la division de la propriété au milieu du XVIIIe siècle peut s'établir ainsi qu'il suit, et c'est seulement à cette époque que les documents prennent quelque consistance.

[1] Arch. d'I.-et-L., C. 603.
[2] *Biens nationaux* (Arch. d'I.-et-L.).

RÉPARTITION DE LA PROPRIÉTÉ AU XVIIIe SIÈCLE

Petite propriété	de 0 à 1 hectare....	389	chefs de famille
—	—	de 1 à 6 —	137	—
Moyenne	—	de 6 à 40 —	23	—
Grande	—	de 40 et au-dessus..	14	—
		Total.........	563	chefs de famille

Pour retrouver les origines des bien communaux, il faudrait remuer tout un passé rempli d'un mystère impénétrable, faute de documents. Pendant longtemps, tout en appartenant par le fonds aux possesseurs des fiefs, ils constituaient un droit d'usage pour les pauvres et pour les roturiers. Cet état de choses dura à Vouvray vraisemblablement jusqu'au XVIIIe siècle, avec quelque élargissement de droit, mais ne laisse de trace que pour nous apprendre que l'*église*, la *maison commune*, le *four banal* et 17 arpents de *pastureaux* formaient l'ensemble des biens communaux.

En même temps, il est intéressant de constater que malgré la décroissance de la population au XIXe siècle, la propriété de son côté se divise davantage : les gros propriétaires diminuent, la moyenne culture augmente ainsi que la petite, et les statistiques donnent les résultats suivants :

RÉPARTITION DE LA PROPRIÉTÉ AU XIXe SIÈCLE

Petite propriété	de 0 à 1 hectare...	417	chefs de famille
—	—	de 1 à 6 — ...	208	—
Moyenne	—	de 6 à 40 — ...	18	—
Grande	—	de 40 et au-dessus...	9	—
		Total..........	652	chefs de famille

Une nouvelle atteinte à la propriété résulta, après 1790, de la vente des biens du clergé ; les biens nationaux passèrent des mains des nobles et des ecclésiastiques, qui les avaient déjà vu se diviser sensiblement dans ces dernières années, à celles des bourgeois et des artisans enrichis.

C'est dans cette situation que nous aborderons l'étude de la propriété, dans la deuxième partie de cet ouvrage, et que nous la verrons se maintenir avec peine à l'aurore du XXe siècle.

Modes d'exploitation. — L'origine des modes d'exploitation vient, en grande partie, des colons romains qui renouvelèrent, de façon violente, les usages précédents. De tous temps le métier des armes étant seul digne des classes élevées, la culture du sol resta aux mercenaires, et trois sortes de systèmes s'imposèrent aussitôt pour les cultivateurs : le *faire-valoir*, le *métayage* et le *fermage*.

La première condition fut celle du paysan, très rare au début, mais qui alla toujours en augmentant de nombre; il cultiva, seul ou avec les membres de sa famille, une terre concédée ou acquise avec le temps. Le métayage fut le mode le plus répandu dans la moyenne propriété, surtout parce qu'il était mieux en rapport avec les conditions sociales de ces temps reculés; il alla en perdant de son importance jusqu'à disparaître presque au xxe siècle.

Enfin le fermage fut toujours réservé surtout à la grande propriété; il est resté le mode le plus usité et offrant le plus de garanties pour le propriétaire. Dès la dernière moitié du xixe siècle, il s'est substitué au métayage dans la plupart des cas.

L'entente du propriétaire et du fermier ou du métayer était constatée par un bail qui avait une durée déterminée et renouvelable, et qui, au dernier siècle, est devenue de six, neuf ou douze années, se reproduisant à la volonté de chacun.

La question de la longueur des baux nous amène à toucher du doigt l'une des plaies, sinon la seule, de la culture à Vouvray. De tous temps beaucoup de propriétaires se sont montrés hostiles à l'idée de confier leurs terres à un fermier sérieux pour un long bail. Le morcellement de la propriété au xviie siècle, auprès des villes, était sans doute une entrave, et on donnait souvent pour prétexte la difficulté de la vente de l'immeuble en cas d'obligation.

Ce n'est là qu'un cas spécial; plaçons-nous dans la généralité : nous voyons le fermier à court de bail gêné dans son exploitation, demander trop aux terres et ne pas les améliorer, parce qu'il savait qu'il les quitterait sous peu. Dans le cas d'un bail de vingt ou trente ans, le fermier, ayant l'avenir pour lui, se chargeait de l'entretien et même de l'aménagement des bâtiments; les terres, soumises à un assolement conforme à leur nature, étaient améliorées au grand profit du propriétaire. Dans les conditions de la culture du xviie au xviiie siècle jusqu'en 1860, le bail était nécessairement, dans les grandes fermes bien exploitées, d'une durée suffisante pour permettre au fermier de faire au moins trois récoltes de chacune des plantes qui composaient sa culture, soit de quinze ans si l'assolement se composait de cinq cultures successives, ou de vingt et un ans s'il était de sept cultures.

D'après des documents précis, en 1863 [1], le fermier sortant avait le droit de couper tout ce qui était seulement nécessaire aux besoins de la ferme jusqu'au jour de sa sortie ; le fermier entrant prenait le reste.

Le cheptel et les instruments appartenaient au fermier qui était tenu de les fournir. Cette clause était évidemment une entrave sérieuse au développement de la culture, car les fermiers étaient généralement des cultivateurs sans capitaux nécessaires aux avances et se bornaient à des cultures restreintes qui paralysaient leur essor.

Une série de conditions faisait la base des contrats.

La première semence était fournie par moitié ; l'impôt des portes et fenêtres était payé par le fermier et le foncier par le propriétaire.

Un procès-verbal de prisée établissait l'état des lieux à l'entrée.

Le fermier devait une partie de ses produits de la basse-cour;

Le prix des fermages était payable au domicile du bailleur, à moins qu'il n'habitât hors du canton.

Pour les propriétés contenant une certaine étendue de vignes, ou pour celles exclusivement viticoles, le métayage à moitié prix était autrefois assez répandu ; tous les frais de culture étaient à la charge du vigneron, sauf les fournitures de fumier et de futaille. Cependant le fermage, qui était en faveur antérieurement, ainsi que le métayage laissèrent, dès le XIXe siècle, la place au *closier*. C'était, pour ainsi dire, un ouvrier à gages payé tant par arpent de vigne ; il vivait sur sa *closerie* dans des conditions sur lesquelles nous reviendrons au chapitre *Cultures*.

Particularités coutumières. — En dehors de ces usages généraux, on relève une série de particularités spéciales au pays de Vouvray :

1° Dans le métayage, les frais des récoltes se payaient par moitié pour les vignes et pour les grains, sauf pour les terres de la vallée de la Loire, dites varennes, où ils étaient supportés par le métayer ou colon seul ;

2° Le fermier sortant avait le droit de faire consommer un tiers des fourrages qu'il avait rentrés ;

3° Pendant toute la période du XVIIIe siècle, le début du XIXe, et peut-être antérieurement aussi, la ferme de petite et de moyenne im-

1 *Recueil des usages locaux du département d'Indre-et-Loire* (Bibliothèque de Tours, fonds Taschereau, n° 4603).

portance revêtait à Vouvray un caractère particulier et portait le nom de *bordage* ou *borderie*. C'était le petit domaine se composant d'une maison de logement pour le fermier ou *bordager*, avec toutes ses dépendances groupées autour et souvent même encloses de murs. Le bordager habitait les bâtiments d'exploitation, et parfois, le logis du maître, soit pour les séjours prolongés ou passagers, soit pour les rendez-vous de chasse, se dressait à côté. Il arrivait même aussi que le *bordager*, *bordier* ou *garde-vaches*, sans avoir de terre à cultiver, recevait un cheptel, moins les moutons cependant, appartenant au bailleur, ou même acheté par moitié, et avait la charge de garder, soigner et fournir les bêtes, tant à l'étable que sur les terres, avec les denrées affectées à cette destination, et sous le bénéfice d'en partager les produits, suivant certaines conditions d'usage [1]. Dans ce partage une part était faite au fermier comme rétribution de la nourriture fournie.

Cette combinaison offrait l'avantage d'un soin particulier pour le bétail et devait participer à son amélioration, mais procurait de grosses difficultés aux propriétaires pour obtenir des fermiers une culture avantageuse des terres destinées à fournir l'alimentation du cheptel du bordager.

La perte du bétail était tout entière à la charge du bailleur, à moins de faute grave du bordager, dûment constatée ;

4° Le paiement du fermage, selon la coutume locale, ne se faisait qu'une fois l'an, le 1er novembre ;

5° Entrée et fin de jouissance :

DÉSIGNATION DES CULTURES	ENTRÉE ET FIN
Habitations	les 25 mars, 24 juin, 29 septembre, 1er novembre, 25 décembre.
Terres labourables	1er novembre (Toussaint).
Prés	1er mars.
Terres de Varennes et sol de blé à ensemencer	15 août (Bonne-Dame).
Autres terres	1er novembre (Toussaint).
Raves, oseraies, aulnaies	1er mars.
Granges et greniers	24 juin (Saint-Jean).
Pressoirs et cuves	1er septembre.

[1] *Recueil d'usages locaux du département d'Indre-et-Loire* (Bibliothèque de Tours, fonds Taschereau, n° 4603.)

6° Il existait dans la commune, autrefois et encore aujourd'hui, des closeries d'une étendue considérable ; de même les petits vignerons, non logés sur les propriétés qu'ils cultivaient, s'assuraient le travail annuel nécessaire à leur existence en réunissant les lopins de terre de plusieurs petits propriétaires, dont ils formaient une closerie.

Le closier était possesseur d'un livret personnel portant les conditions du marché et signé des deux parties. L'entrée en closerie se faisait le jour de Saint-Michel (29 septembre), mais à la condition de prévenir le prédécesseur à la Saint-Jean précédente.

Le closier non logé pouvait être renvoyé en le prévenant seulement trois mois à l'avance, par les soins du garde champêtre.

Il était convenu en outre que le bois de la taille et le marc du pressoir lui appartenaient, sauf quinze fagots de dix javelles chacun et une part du marc à fixer d'accord avec le propriétaire.

Pratiques successorales. — La première constitution de la famille a les origines les plus lointaines ; on sait que chaque tribu des Gaulois établie dans la *civitas Turonum* était une grande famille et se gouvernait par la loi patriarcale. La terre appartenait au groupe plutôt qu'aux individus, bien que chacun eût sa part. Les enfants mâles étaient égaux, sauf le dernier né qui avait droit à la maison paternelle comme étant le plus faible.

Les femmes avaient part aux biens mobiliers, mais étaient exclues de la terre qui n'appartenait qu'à celui qui avait les armes et pouvait la défendre.

La loi salique, apportée par les Francs, modifia l'origine de la propriété ; les terres n'étaient plus en commun, à la mort du père elles étaient partagées entre les fils, à l'exclusion des filles, qui n'avaient droit qu'aux objets mobiliers.

La loi salique réglait donc ainsi la succession paternelle et ce principe resta la base des lois qui traversèrent le moyen âge et parvinrent jusqu'à la rédaction des coutumes.

C'est ainsi que nous trouvons en 1654 [1] les dispositions qui nous intéressent sur les pratiques successorales.

Le point de départ se trouve dans le texte suivant :

« Succession est un mot homonyme comme sont plusieurs de cette coustume : mais prins au sens de ce tiltre et de tous les autres qui en

[1] *Coutumes du Pays, Duché et Bailliage de Touraine*, imprimé à Tours, chez Urbain Nion, 1654 (Bibliothèque de l'auteur).

parlent en cette coustume, ne marque autre chose, sinon l'entrée d'un ou plusieurs vivans au droict universel, auquel on peut succéder à un trépassé, tel qu'il avait lors de son décèds.

« Est la noblesse en ce Royaume une qualité donnée par Sa Majesté à quelqu'un, ou longuement continuée, par laquelle luy et ses descendans légitimes issus de masles sont relevez par dessus les roturiers, avec exemption de charges plébéyennes, tant qu'ils vivent noblement.

« Pour estre réputé noble de race, et inouyr des privilèges de noblesse, il est nécessaire que l'ayeul et le père ayent vescu noblement. »

La condition de noblesse étant bien établie, la coutume distinguait les droits des nobles et ceux des roturiers et établissait : *a*) la succession telle qu'elle doit se faire entre nobles ; *b*) telle qu'elle doit se faire entre roturiers.

A. *Nobles.* — « CCLX. — Entre frères et sœurs nobles ou ceux qui les représentent, soit fils ou filles, après le décèds du père ou mère, ayeul ou ayeule, ou autre descendans en ligne directe, à l'aisné non masle ou son représentant appartient tous les meubles, aussi les deux parts, tant en fief qu'en roture des choses demeurées desdites successions directes, avec l'advantage, qui est le chastel ou hostel noble estant en fief, et la pourprise d'iceluy avec une foy et hommage si elle y est : sinon un arpent de terre, ou 5 sols de rente, au choix dudit aisné ou son representant, et le chezé, qui est de deux arpents de terre environ ledit hostel, auquel chezé il pourra faire garanne à conils si bon lui semble, et aux puisnez appartient la tierce partie, mis hors ledit advantage.

« CCLXI. — Et si au-dedans dudit chezé, closture ou circuit, il y a estang, pescherie, moulin, ou four banal, fuye, garenne, bois de haulte fustaye, ou clos de vigne, lesdites choses demeurerôt à l'aisné pour telle valeur qu'elles seront prisées, à la charge de recompenser les puisnez de leur tierce partie des choses de la dite succession.....

« CCLXIII. — Si l'un des puisnez ayans eu leur tierce partie, décédé sans hoirs de sa chair avant que d'en avoir fait subdivision ou que l'aisné eust esté en demeure notable, comme de trois mois au plus, de bailler ladite tierce partie à part et divis, la portion dudit décédé retourne aux autres puisnez. Autremêt ladite portiô viêt à l'aisné, ou ceux qui le représentent.

« CCLXVII. — Si l'aisné décédé sans hoir de sa chair, l'aisné des puisnez prend les deux parts de sa succession, avec l'advantage tel qu'en succession directe : et l'autre tiers hors ledit advantage demeure aux autres puisnez dont ils sont saisis : et peuvent complaindre comme est dit. »

Pour les successions qui revenaient aux filles sans présence d'héritiers mâles, les droits se départageaient entre elles de même façon que s'il ne s'agissait que d'héritiers mâles.

De même il était constant que toutes les successions collatérales revenaient à l'ainé ou à l'ainée, sauf quand les puinés gardaient leurs propriétés indivises ou que l'un décédait sans enfants; et, en second lieu, quand la succession naissait ou procédait d'un frère aîné ou d'un autre parent chef de la lignée. Dans ce cas, le partage se faisait entre tous, mais l'aîné avait deux parts et l'avantage comme en succession directe, les autres frères avaient un tiers.

La sévérité qui entoure la fille qui *se laisse corrompre* est digne de remarque et nous citons le texte en entier :

« CCLXXXVI. — Si la fille noble ou roturière est convaincue avoir forfait en son corps auparavant l'age de vingt-quatre ans, elle peut estre priuée par ses père et mère des successions directes non aduenuës, et des collatérales et par autre que par lesdits père et mère ne peut être pour raison dudit fait, privée d'aucune succession. »

B. *Roturiers*. — « CCXCVII. — Entre gens roturiers successions directes ou latérales se départent par texte, et en est chacun des héritiers saisi pour sa portion. Toutefois s'il y a aucuns héritages nobles, acquis de bourse coutumière et tombez en tierce foy, ils se partagent noblement entre l'aisné et les puisnez ou leurs représentants....... »

Il est précisé par l'article CCCII que nul n'a le droit dans une succession entre roturiers de favoriser un hétitier plus qu'un autre; de même si un héritier, par mariage ou autrement, a reçu des biens au cours de la vie de ses parents, il doit les rapporter à la succession à leur décès pour en tenir compte à ses cohéritiers. Nous trouvons là la base des lois de succession actuelles et il est curieux d'en noter l'origine.

D'autre part, dans le cas de décès des enfants sans *hoir* les biens reviennent aux père et mère ou, à leur défaut, aux aïeux seulement.

Enfin au milieu d'une série d'autres cas secondaires, il faut constater l'égalité avec laquelle les bâtards étaient admis à la succession de leurs parents qui se réglait roturièrement et par tête. En cas de mort d'un bâtard sans progéniture, ses biens revenaient au seigneur du fief.

Il est évident que, dans toutes les dispositions qui précèdent, mais surtout dans les successions nobles, le droit d'aînesse était reconnu et appliqué, il était certes illégal mais adouci par ce qu'on appelait la *tierce part*. Il avait cependant l'avantage de maintenir l'importance de la grande propriété, et d'éviter, dès les temps féodaux, sa division.

Le mode des successions roturières était, dans nos pays, dès ces époques déjà reculées, basé par une égalité stricte qui fait honneur au caractère de la province.

Les coutumes renouvelées par la loi du 4 germinal an VIII s'acheminèrent vers les bases plus égalitaires de la loi du 7 mars 1793; les facultés d'avantages successoraux, quoique peu usitées en Touraine, disparurent totalement pour faire place au Code Napoléon de 1803. Mais, après environ un siècle de pratique, la loi de 1891 rétablit l'usage de la quotité disponible et introduit dans les successions la libre faculté, par le mourant, d'avantager tel ou tel de ses enfants.

Cultures. — La culture de la vigne, à partir du moment où le sol put nourrir la population, a eu, de tous temps, une prépondérance marquée; les céréales vinrent en second lieu et l'élevage fut à peu près nul jusqu'aux temps modernes.

Sur une paroisse disposée, en grande partie, en coteaux surmontés de vastes plateaux, avec, au bord d'un fleuve, une mince bande de riches alluvions, il est rationnel de voir les plateaux occupés par les céréales et les vignes de deuxième ordre, les côtes par la vigne dont les produits furent la gloire et la richesse du pays, et les varennes, si fertiles, expulser les prairies, et par suite l'élevage, pour accueillir les envahissantes cultures maraichères.

Mais, à côté de la vigne et des céréales, il faut signaler quelques cultures accessoires telles que le chanvre, les osiers, les noyers, les muriers, les arbres fruitiers de toutes sortes, sur lesquelles nous reviondrons isolément.

Le vignoble. — *Ses origines, vignes blanches.* — D'après les données générales, on croit, avec Pline le Naturaliste[1], que les premières vignes furent apportées en Gaule par un Helvétien, nommé Hélicon ; de leur côté, Tite-Live et Plutarque même répandent une sorte de légende qui relate la vengeance d'un certain émigré toscan

[1] *Histoire natur.*, lib. XII, chap. I.

poussant les hordes de Brennus sur l'Italie **en leur révélant** les énivrantes liqueurs qu'on y récolte.

Donnons plutôt crédit aux résultats du commerce qui répandit cette généreuse plante dans nos régions ; resserrons des horizons historiques aussi lointains et ramenons-les aux limites de nos côtes tourangelles ; laissons Pline, en 79, parlant des vignobles d'Auvergne et de Bourgogne, nous faire supposer que notre pays était à cette époque couvert de superbes vignobles, assistons à leur ruine en 92 avec Domitien, qui fit arracher tous les ceps pour favoriser la vente des vins italiens, et constatons la replantation du vignoble après l'an 281, alors que Probus, par un édit généreux, permit de cultiver à nouveau la vigne dans les Gaules.

Grégoire de Tours relate bien que saint Martin planta des vignes en Touraine. Mais la preuve ne semble pas en être faite, puisque des textes signalent cette culture antérieurement à la vie du grand thaumaturge. En tout cas, on peut constater la présence de belles cultures en 592 sur la colline d'Arciacum (Sainte-Maure) par ce texte : *Vitibus repletus agrestibus et densitate labruscæ contextus* [1].

De même on cultivait la vigne à Marmoutier et dans la vallée de la Loire en 380 ; au VIIe siècle avant la construction de l'abbaye de Saint-Julien de Tours, il existait au même emplacement un clos cité et renommé *clos Saint-Aubin*, et un peu plus loin, entre la Loire et le Cher, la *vigne de Juneuil* en dépendait également. En 943, la *vigne de Palfreint* revenait aussi à Saint-Julien [2]. Enfin, il est question en 1002 de 20 arpents de vignes situées près de Châteauneuf, entre le Cher et la Loire. Châteauneuf fut longtemps une cité établie dans l'intérieur de Tours.

Plus on avance, plus les actes abondent ; en 1096, le pape Urbain II vient à Marmoutier consacrer l'abbaye, et dans le récit de la visite on signale la vigne cultivée par les moines à l'endroit même où saint Martin en avait planté une de ses propres mains [3].

La culture se répand de plus en plus mais semble faire une évolution au XIIIe siècle. Jusque-là on avait planté un peu partout et surtout dans les vallées ; on reconnut que les coteaux produisaient des vins supérieurs, c'est alors qu'on vit les grands clos des vins renommés s'installer sur les premières côtes.

[1] GRÉGOIRE DE TOURS, *de Gloria Conf.*, cap. XVIII.

[2] *Chroniques de Touraine* (*Brevis historia sancti Juliani Turon.*, p. 221-228).

[3] *Chroniques de Touraine* : *Textus de dedicatione ecclesiæ majoris monasterii*, p. 341.

Jusqu'à ce moment les vignes rouges et blanches avaient été plantées dans tous les sols, au hasard des caprices, mais la nature se chargea de faire la sélection. L'expérience apprit que le vin rouge était meilleur, plus alcoolique et coloré sur les plateaux argilo-siliceux du nord de la paroisse ; que les vins blancs, cueillis sur les bords des côtes, dans les terres riches en cailloux siliceux et en calcaire, étaient capiteux et vivants, parfumés et doux sous le soleil des étés chauds.

Le partage se fit ainsi de lui-même et le vignoble de Vouvray, produisant presque uniquement des vins blancs, fut constitué et installé dans sa réputation.

Il faut arriver au xve siècle pour trouver des traces des clos les plus réputés. Le fameux *clos Baudoin*, auquel la légende a fait une histoire très reculée et dont il ne reste rien, se plante près de la vallée de Nouy et garde sa renommée jusqu'à la crise phylloxérique ; les *Bidaudières*, d'origine modeste, ont passé par des mains jalouses de leur nom et ont pris au cours du xixe siècle des développements considérables.

Le *clos Gaimont*, que l'épaisseur d'un mur séparait du clos Baudoin, excite les jalousies et profite avec juste raison d'un voisinage illustre. Le *château de Moncontour* étend ses dépendances au loin et lutte avec ses rivaux.

Le *Vigneau*, vieille terre et vieille tradition de soins excessifs de culture régulière et raisonnée, soutient avantageusement l'honneur de ses propriétaires. Le *Mont*, situé en merveilleuse place, au bord de la côte, était encore un des premiers crus.

Mais quels étaient donc les fruits qui produisaient la liqueur si recherchée du commerce pour la région et pour l'exportation ? Rabelais, qui est le guide sûr en toutes choses, avec son bon rire, nous apprend les noms des cépages dont le jus divin réjouissait son esprit. *O lacryma Christi!* s'écrie-t-il, *c'est de la Devinière! c'est vin Pineau! ô le gentil vin blanc! et par mon âme ce n'est que vin de taffetas* [1].

Il est vrai que le maître veut parler ici surtout des vins des environs de Chinon. Mais il énumère plus loin tous les plants blancs usités en Touraine : *pineaulz*, *fiers*, *muscadeaulz*, *bicanes*, *foyards*, *francs-aubiers et chenins* [2].

Or, nous savons par ailleurs, dans maints titres et actes notariés

[1] *Taffetas* est mis ici pour « velours ».
[2] *Gargantua*, ch. xxv.

de ventes, que le *pineau*, dit *gros pineau de la Loire*, était le cépage uniquement cultivé dans les bons vignobles, dont il fit la renommée.

Vignes rouges. — Les vignes rouges, qui n'occupaient aucune place dans la région des premiers crus, ne se montraient guère que dans le haut de la commune et dans la vallée, au pied du coteau. Les vins qu'elles produisaient résultaient du *côt*, qui est un *malbec* transplanté anciennement de la Gironde en Touraine, et d'un autre cépage, le *groslot*, qui donne des vins moins alcooliques, moins colorés, et, par suite, inférieurs au précédent. Il faut citer encore, mais à titre d'exception, le *pineau noir d'Aunis*, le *gamay* du Beaujolais et le *gros noir* comme teinturier.

Les façons, pratiques et particularités culturales. — La culture des vignes, tant blanches que rouges, était faite à Vouvray, depuis les temps les plus anciens jusqu'au cours du XIXe siècle, entièrement à la main par les vignerons qui, dans leur vieillesse, restaient courbés vers la terre rudement travaillée, pendant toute leur vie, de la bêche et du pic.

Les vignes, primitivement, étaient plantées en *foule*, c'est-à-dire par espaces égaux, en tous sens, mais sans ordre de rangs.

Cette disposition disparut de bonne heure, et, dans la première moitié du XIXe siècle, il n'en existait plus autrement qu'en lignes, soit régulières, soit en quinconces. Les rangs étaient espacés de 1 mètre à 1^m, 50 et les pieds étaient plantés à 1 mètre les uns des autres sur le rang.

Les façons, toutes à la main, consistaient à *chausser* les ceps dès les vendanges terminées, en prenant la terre de l'entre-rang pour la porter en buttes dans le rang des ceps. On arrachait les échalas, dit *charniers*, pour les mettre en bottes de loin en loin; on effectuait la taille de janvier à mars, en laissant les sarments en *javelles* sur le sol; avant la deuxième façon de printemps on les sortait du champ pour laisser le terrain libre pour le *déchaussage* qui consistait à ramener la terre, en sillon, au milieu du rang. La taille des vignes blanches faisait tomber tous les bois de l'année en réservant seulement des courçons à deux yeux producteurs de la future récolte. Pour les vignes rouges et spécialement pour le côt, on réservait, sur chaque souche, une branche à fruits, appelée verge ou *viet*, qui fournissait les raisins en abondance. Les autres cépages étaient taillés selon la méthode des vignes blanches. La troisième et dernière façon, qui était généralement terminée pour la Saint-Jean (24 juin), consistait à *bécher* à plat en *parant* le terrain dans son entier.

Entre temps, on avait remis les échalas en place à chaque cep, et on avait ployé les verges, en les attachant aux charniers avec des osiers. La pousse venue, vers la fin de mai ou juin, on procédait à un accolage des pampres autour du charnier à l'aide de deux liages de paille de siègle ; on ébourgeonnait en même temps.

Tous les ans, la municipalité publiait le *ban des vendanges* selon l'état de maturité; en 1793, il était fixé au 9 septembre et, dans sa délibération de la veille, le conseil avait nommé quatre gardes-vigies pour surveiller et protéger les récoltes, avec une rétribution de douze sous par arpent de vignes non renfermées.

Les vendanges rouges se faisaient, en moyenne, vers la fin de septembre ou les premiers jours d'octobre, les coupeurs emplissaient leurs *seilles* et les déversaient dans les *hottes* des porteurs, qui en jetaient le contenu dans les fûts rangés par six, gueules béantes, dans les charrettes.

On transportait aussi la vendange au pressoir et, après le souper, onjetait le moût dans les cuves à la veillée.

Selon la qualité de la vendange et ses éléments de fermentation, la cuvaison durait huit, dix ou douze jours, période après laquelle on décuvait pour pressurer, remplir les barriques et les descendre en cave.

Pour la récolte du raisin blanc, qui se faisait dans le cours d'octobre, lavinification avait lieu au jour le jour, en pressurant de suite, pour enfuter au fur et à mesure, la fermentation se faisant en fûts.

Un usage spécial, presque généralement répandu dans la commune de Vouvray au XVIIIe siècle, consistait à faire aux vignes une quatrième façon; après les vendanges, quand la saison le permettait, on faisait une forte bêche à plat pour ameublir le sol, sans préjudice du chaussage qui s'opérait avant la fin de l'année. Cette façon est abandonnée depuis fort longtemps.

Au cours du XIXe siècle, les façons de vignes à la main commencèrent à être peu à peu remplacées par le labourage à cheval, d'abord à l'aide de la charrue de bois, ensuite avec l'oreille d'acier. Les échalas disparurent complètement avec la reconstitution, à la fin du XIXe siècle, pour faire place aux fils de fer tendus sur des pieux aux extrémités des rangs.

De ce fait, on vit peu à peu disparaître les outils anciennement en usage : la *bêche*, la *tranche*, le *pic* et le *pic à provins*. Ce dernier instrument servait à faire la tranchée destinée à coucher la branche qui devait fournir le provignage destiné à remplacer les ceps manquants.

Dans les terres données à bail et dont les vignes dépendaient du fermage, « le fermier devait *terrasser* et *fumer* les provins, mais non les faire [1] ».

Pour la première fois, en 1806, il est question d'un inventaire obligatoire des vins en cave chez les propriétaires par une commission municipale [2]. Ceux-ci étaient informés d'avoir à se tenir chez eux pour ouvrir leurs caves, celliers ou magasins, pour la visite de l'inventaire des vins de la dernière récolte. Ce récolement avait pour but l'établissement des statistiques préfectorales, et on ajoutait que l'inventaire serait fait, même en l'absence du propriétaire.

Quelques vignerons ont essayé, il y a un siècle environ, dans le but d'obtenir une qualité supérieure, de faire un *tri* de vendange ; ils prenaient d'abord les raisins mûrs et passaient une deuxième fois, quelque temps après, pour cueillir le reste. Une délibération du conseil communal [3] nous fait connaître que des experts avaient constaté que les vins obtenus ainsi étaient moins doux que ceux récoltés plus tard et en une seule vendange.

Cet usage se perdit, mais nous savons que, de nos jours, certains propriétaires obtiennent les meilleurs résultats par ce procédé.

Enfin, remontant aux temps féodaux, nous constatons l'usage du droit de *ban vin* en faveur des seigneurs locaux, droit par lequel ils pouvaient interdire sur leurs fiefs, pendant quarante jours, la vente de tout vin autre que celui de leur récolte pour en favoriser le placement [4]. La fabrication des eaux-de-vie n'eut jamais une importance sérieuse à Vouvray. On ne comptait aucun établissement de distillation, mais, de tout temps, les bouilleurs de cru exercèrent leur industrie en fabriquant de l'alcool souvent mal fait.

Salaires. — La main-d'œuvre. — Le prix de la main-d'œuvre du moyen âge au XVIe siècle nous échappe, faute de documents précis ; mais les tarifs en usage pendant le XVIIIe siècle nous sont fournis par les archives municipales, qui contiennent des tarifs établis par

1 *Recueil des usages locaux*, 1863 (Bibliothèque municipale de Tours, fonds Taschereau, n° 4603).

2 *Registre des délibérations*, du 31 octobre 1806 (mairie de Vouvray).

3 *Registre des délibérations*, du 12 octobre 1806 (mairie de Vouvray).

4 *Coutumes de Touraine*, 1654, p. 114 (bibliothèque de l'auteur).

décret de la Convention nationale du 29 septembre 1793, en augmentation d'un tiers sur les prix pratiqués jusqu'alors.

Nous pouvons les comparer à ceux du XIXᵉ siècle ainsi qu'il suit[1] :

	Avant 1793	Depuis 1793
Vignerons, closiers logés, par an......	$24^l\ 6^s\ 8^d$	$37^l\ 10^s$
— — non logés, par an..	$30^l\ 15^s$	41^l
Hommes, en été, la journée...........	$16^s\ 10^d$	$1^l\ 2^s\ 6^d$
Hotteur, en vendanges, la journée.....	15^s	1^l
Femmes, en été, la journée...........	$7^s\ 6^d$	10^s
— en vendanges, la journée....	$7^s\ 6^d$	10^s
Cheval avec un barrosseur............	$1^l\ 13^s\ 9^d$	$2^l\ 5^s$
Ane avec femme ou enfant............	$1^l\ 0^s\ 3^d$	$1^l\ 2^s\ 6^d$
Buteliers (bêcheurs), la journée.......	8^s	$10^s\ 6^d$
Tonneliers..........................	$1^l\ 2^s\ 6^d$	$1^l\ 17^s\ 6^d$
Loidure de ferrement, par pièce.......	$2^s\ 3^d$	3^s
« Forgure » de pic en fournissant la matière...........................	$13^s\ 2^d$	18^s
« Forgure » de pic, sans fournir.......	$7^s\ 10^d$	$10^s\ 6^d$
Fers de chevaux de moyenne grandeur, par pied........................	$7^s\ 10^d$	$10^s\ 6^d$
Relevage des fers, par pied...........	$4^s\ 4^d$	$5^s\ 3^d$
Fers d'asne, par pied................	$5^s\ 6^d$	$7^s\ 6^d$
Relevage des fers d'asne, par pied......	3^s	$3^s\ 9^d$
Garçon laboureur, par an.............	120^l	180^l
— — au-dessous de 20 ans.	27^l	36^l
Provins fumés par le vigneron, le 100[2].	$2^l\ 10^s$	$3^l\ 15^s$
Fumier, la tomberée (environ 1 mètre cube............................	$6^l\ 15^s$	9^l

Nous étudierons le XIXᵉ siècle dans le chapitre ci-dessous.

Frais de culture, rendement. — On peut voir par les chiffres qui précèdent que, dans le cours du XVIIIᵉ siècle, une vigne bien cultivée et produisant une moyenne de sept pièces et demie — $18^{hl},75^l$ à l'arpent[3] — devait coûter à son propriétaire environ 160 livres (158 francs) de frais de culture.

Il n'est pas sans intérêt de rapprocher de ces chiffres ceux qui nous

[1] *Registre de correspondance de la municipalité de Vouvray*, du 27 octobre 1793.

[2] Le *provin* est le sarment d'une souche que l'on ploie et fixe en terre pour le faire raciner et remplacer une souche voisine.

[3] L'arpent de Touraine, composé de 100 chaînées de 25 pieds carrés, équivaut à $66^a,66^{ca}$, la chainée vaut $0^a,66^{ca}$.

sont fournis pour l'année 1808[1] et qui nous donnent le détail suivant pour les frais annuels d'une culture de vigne de premier cru.

Façons ordinaires....................	45 francs l'hectare
Fumier............................	45
Bêche après vendange (moitié de l'hectare chaque année)...............	11f 25
Provins	10f 25
Poinçons (fûts)....................	60
Frais de récolte....................	45
Logement du vigneron	9
Pressoir (portion du capital et entretien)...........................	24
Logement du vin et du pressoir......	9
Surveillance.......................	12
Intérêt des avances pendant 9 mois..	10
TOTAL.........	284f 50

D'autre part, ce même document accuse :

Vignes de	1re	classe,	produit net moyen	à l'hectare.	240f 50
—	2e	—	—	—	188
—	3e	—	—	—	128
—	4e	—	—	—	53

Si on ajoute le total des frais aux chiffres respectifs ci-dessus, on arrive à établir les résultats suivants :

	Produit brut de la vente	Prix moyen de la pièce
Vignes de 1re classe.............	525f »	70f »
— 2e —	472 50	63 »
— 3e —	412 50	55 »
— 4e —	337 50	45 »

Si ces prix représentent la valeur moyenne d'une pièce de vin à cette époque basée sur un rendement moyen de 7 pièces et demie à l'hectare, il n'est pas moins juste de remarquer que les vins des grands crus, relativement en grande quantité, atteignaient aisément les prix de 200 à 250 francs la pièce logée en fût du pays de 250 litres.

Une telle valeur, qui ne pouvait trouver une rivalité dans les vignobles du centre qu'auprès des produits de la coulée de Sérans, dans le Saumurois, et de Marçon ou des Janières, sur les bords du Loir,

[1] *Registre de la municipalité de Vouvray*, du 29 mai 1808.

était justifiée par des qualités réelles, indiscutables et reconnues. Les vins blancs de Vouvray ont, dans les années où le soleil daigne dorer les grappes, une liqueur de miel qui cache les traîtrises d'une teneur alcoolique de 11 à 13° et un bouquet si caractérisé, si fin et moelleux que, même longtemps après la mise en bouteilles, il rappelle les friandises du jus frais des grappes vermeilles qui l'ont produit.

Cette liqueur d'or a conquis par son allure vivante, qui mousse et perle dans les coupes, sans champagnisation ni autre préparation qu'une savante mise en bouteilles, la plus haute réputation et s'est assurée pendant tout le XVIIIe siècle et le XIXe, des débouchés européens, surtout en Belgique, en Hollande et en Angleterre.

Nous aurons à en reparler dans notre deuxième partie, mais il suffit, dans les temps anciens, de consulter les listes des récompenses des concours généraux de Paris et des expositions universelles, pour constater les succès de premier ordre obtenus par les vins blancs de Vouvray.

Nous terminons cet article en donnant ci-dessous la statistique des rendements.

RENDEMENT MOYEN DES VIGNES

ANNÉES	RENDEMENT A L'HECTARE				RENDEMENT TOTAL	
	SURFACE PLANTÉE	VIN BLANC	SURFACE PLANTÉE	VIN ROUGE	VIN BLANC	VIN ROUGE
	Hectares	Hectolitres	Hectares	Hectolitres	Hectolitres	Hectolitres
1808	612	20	32	18	12.240	576
1860	696	21	35	20	14.616	700
1890 Vieilles vignes	mortes	2	»	2	1.870	100
1890 Plantes.	20					
1900 En production	570	40	30	35	22.800	1.050
1900 Jeunes.	285	nul	15	nul	nul	nul

La ruine par le phylloxera, la reconstitution. — Malheureusement cette belle et productive période eut sa fin par la destruction du vignoble tout entier par le phylloxera. Venu lentement du Midi, comme une tache d'huile qui s'agrandit irrésistiblement, le terrible insecte s'empara de la Touraine avant 1880, et, bien que pris l'un des derniers, le vignoble de Vouvray agonisa jusqu'en 1890, époque à laquelle la reconstitution commença dans son ensemble.

L'effort des bras et des intelligences fut considérable; tout d'abord la routine, l'ignorance et les préjugés furent vaincus peu à peu, et l'exemple, pénible mais concluant, du Midi vint donner aux vignerons la confiance qui leur était si nécessaire pour entreprendre la périlleuse et coûteuse résurrection du vignoble. Il fallut, au milieu des sacrifices d'argent et de labeur, rechercher les affinités des cépages américains avec les greffons de ce fameux gros pineau qui tenait tout l'avenir du pays ; on se demandait si la qualité du vin futur serait semblable à celle des anciens vins ; si la durée des prochains vignobles justifierait des sacrifices aussi grands, et il était bien permis aux masses rurales de laisser se dresser devant elles de vastes points d'interrogation sur ces divers sujets d'études.

Nous avons le devoir de signaler ici l'influence décisive qu'eut, dans cette occurrence, la Société d'Agriculture, Sciences, Arts et Belles-Lettres du département d'Indre-et-Loire. Son Bureau d'alors dirigé par l'un de ses plus éminents présidents, le regretté M. G. Duclaud, et duquel faisait également partie M. Dugué, professeur départemental d'agriculture à Tours, attaqua avec résolution les études nécessaires; on fit des rapports détaillés, des conférences publiques, des champs d'expériences; on créa des cours et des concours de greffage de la vigne, pour répandre la pratique raisonnée des diverses greffes et, en peu de temps, l'élan fut donné, la confiance naquit dans les populations et chacun reconstitua son vignoble.

Ce bienfait, la Société d'Agriculture d'Indre-et-Loire a la gloire de le compter dans son passé; sous son initiative, les conseils les plus précieux sur le choix des cépages et l'adaptation des greffons furent répandus dans le public; elle créa, en quelques années, plus de 2.000 greffeurs qui reçurent d'elle le diplôme constatant leur aptitude à la pratique et à l'enseignement de la greffe. La commune de Vouvray reçut ainsi une série de moniteurs, qui firent école eux-mêmes, et qui décidèrent de l'essor de la viticulture nouvelle.

Il est de la plus impérieuse justice de rendre hommage, en cette place, à la mémoire du distingué et si dévoué professeur Dugué. Au milieu de cette lutte incessante, qui dura plus de dix ans, lutte qui fut parfois une bataille, puisque celui qui portait la bonne parole fut, à certains jours, accueilli par une pluie de pierres [1], qu'il dépensa sa vie et son énergie avec l'amour qu'il savait mettre dans l'exercice

1 Nous nous empressons d'ajouter que ces faits regrettables ne se passèrent pas dans la commune de Vouvray.

désintéressé de sa profession. N'ayant pas assez compté avec lui-même, il fut terrassé et mourut d'épuisement en 1903, alors qu'il pouvait jouir de la satisfaction de voir son nom éternellement attaché à la reconstitution des vignobles de Vouvray et d'Indre-et-Loire.

La surface occupée par les vignes, au début du XVIIIe siècle, est approximativement de 500 arpents (334 hectares), dont environ 80 arpents de vignes rouges. La culture se développa dans la suite ; nous trouvons, en 1808, les chiffres suivants, dans une lettre au préfet d'Indre-et-Loire pour rendre compte de l'état des vignes [1].

Vignes de 1re	qualité. —	Coteaux	113ha,	90a
— 2e	—	Terrains de toute espèce	230	61
— 3e	—	Arrière-côte	237	24
— 4e	—	Parties sablonneuses	62	25
		TOTAL	644ha,	»

Ce qui équivaut à 966 arpents, dont 1/20 seulement en vignes rouges, soit : 32ha,20a plantés en *côt* et *groslot*, en majorité considérable ; le surplus était en *gros* et *menu pineau*. Ces chiffres n'ont fait que grossir jusqu'en 1870, puis ont diminué jusqu'en 1900 et nous verrons, après cette date, quelle modification leur a fait subir la reconstitution.

L'agriculture, les céréales, le bétail. — La culture des céréales, qui a précédé celle de la vigne, et qui, surtout aux temps modernes, n'a occupé que le deuxième plan, remonte à l'occupation du sol par les hommes ; nous ne nous attarderons pas à ces temps reculés.

Le régime féodal ne fit rien pour l'amélioration des cultures ; le paysan cultivait les terres seigneuriales dans une condition obscure, servile et écrasante. La paroisse possédait trois zones de cultures : 1° les terres de la vallée de la Loire propices aux cultures ordinaires des varennes : légumes, prairies, plantes fourragères, chanvre, mûriers, fruits ; 2° dans les sables on rencontrait le seigle ; 3° le plateau était livré surtout aux céréales.

Il nous faut arriver au XVIIIe siècle pour nous faire une idée de l'état de la culture ; les mémoires des intendants de la généralité de Tours nous y aideront.

[1] *Registre de correspondance de la municipalité de Vouvray*, du 29 mai 1808.

La base de toute exploitation ancienne, résultant de divers exemples qui nous sont soumis, était l'obligation pour un fermier d'avoir :

Un cheval par 10 hectares de terres ;

Une vache par 3 hectares ;

Trois moutons par hectare ;

Une basse-cour et des porcs.

Il employait environ 24 à 30 mètres cubes de fumier à l'hectare et devait défricher ses luzernes tous les quatre ou cinq ans.

L'ensemencement des blés d'automne recevait trois labours, et se faisait du 15 octobre au 1er novembre, et aux environs du 15 septembre pour le seigle.

Les variétés de blé à petit rendement employées très anciennement ont, depuis de longues années, disparu des cultures.

Dans le cours du XIXe siècle on voit la préférence des cultivateurs se porter sur le blé rouge de Bordeaux et sur le blé bleu ou blé de Noé.

Pour les avoines, une routine, profondément entrée dans l'esprit des cultivateurs, voulait qu'ils ne missent jamais aucun fumier ni engrais sur le sol destiné à les porter. On ne considérait pas cette culture comme une surchage et on n'hésitait pas à mettre de l'avoine deux ans de suite sur le même sol, cette plante devant « engraisser » la terre.

Cette erreur, qui n'est pas encore complètement disparue à l'heure actuelle, plana sur tout le XVIIIe et le XIXe siècle et eut les plus regrettables résultats.

Assolement. — Autrefois, la jachère était prépondérante, basée sur le principe que la terre avait besoin de repos après une abondante production. Plus on approche des temps modernes, plus elle disparaît ; le roulement adopté pour les cultures était en résumé celui-ci : Les plantes sarclées se succédaient à elles-mêmes, puis laissaient la place aux céréales, blés, avoines, seigle, orge (cette dernière en quantité infime) ; les prairies artificielles étaient semées dans le blé ou suivies par les pommes de terre.

Peu à peu le roulement se modifia pour marcher vers une culture plus intensive, et l'assolement triennal fut la coutume pendant le XVIIIe siècle et toute la première moitié du XIXe.

1re année	Blé
2e —	Trèfle ou avoine
3e —	Jachère

A partir de 1860 il s'efface peu à peu pour intercaler le fourrage entre les céréales et la jachère improductive et trop considérable des anciens errements.

1re année	Blé
2e —	Trèfle
3e —	Avoine
4e —	Jachère ou culture sarclée [1]

A mesure que la culture prend confiance dans le produit du bétail l'assolement étend sa durée. La culture des racines fourragères se propagea, elle permit d'engraisser le bétail ; plus spécialement dans le val de la Loire, dans la partie basse de la commune, l'assolement habituel fut celui-ci : céréales remplacées immédiatement par un semis de navets en août, et les navets remplacés, en mars, par les haricots; trois récoltes en deux ans. Diverses combinaisons maraîchères modifient cet usage sans laisser jamais la terre en repos.

Répartition des cultures. — Au milieu de la pauvreté des archives économiques de la paroisse de Vouvray, il nous est du plus grand secours de retrouver des détails intéressants dans la réglementation d'un dégrèvement d'impôts effectué en l'an VIII de la République [2].

Nous y voyons le tableau suivant :

Terres labourables...........	1.381	arpents de Touraine
Prés.........................	253	—
Pastureaux...................	17	—
Bois taillés.................	116	—
Friches......................	9	—
Surface des terrains occupés par les bâtiments et les caves habitées, parcs, jardins	28	—

Pour les terres labourables, ou de culture proprement dite, la division est la suivante sur une période de quatre-vingt-dix années.

[1] *Statistique agricole du département d'Indre-et-Loire*, 1863, par Sourdeval (Bibliothèque municipale, n° 4212 *bis*).

[2] *Registre des délibérations*, du 1er pluviôse an VIII (mairie de Vouvray).

ANNÉES	VIGNES	BLÉ	AVOINE	SEIGLE	ORGE	PRAIRIES		BETTERAVES	POMMES DE TERRE	CULTURES DIVERSES
						NATUR.	ARTIF.			
An VIII	966arp	626arp	180arp	80arp	30arp	253arp	245arp	70arp	150arp	»
1810	644ha	425ha	120ha	63ha	20ha	169ha	150ha	55ha	100ha	9ha
1820	652	470	125	50	18	171	151	52	62	11
1830	655	460	122	48	16	185	165	55	65	13
1840	650	455	123	45	15	190	168	42	69	10
1850	669	397	140	40	13	225	175	45	68	8
1860	696	316	152	25	12	260	190	62	55	12
1870	740	250	170	15	10	282	181	50	21	10
1880	692	265	195	28	12	295	189	53	29	27
1890	anc. mort. 20 / replantées 20 } 40	550	282	35	20	325	312	130	42	45
1900	en prod. 600 / non prod. 300 } 900	200	200	20	10	300	80	30	20	21

Défrichement. — Nul doute que le territoire de Vouvray ne parvint à un bon état de culture que par étapes et par des conquêtes lentes sur le domaine sauvage; peu de bois l'occupèrent cependant depuis l'époque historique, et les terres en friches furent vite mises en état. Le sol était trop riche, la vigne était une trop belle source de produit, pour que l'activité des populations ne tirât pas parti des terres même les moins avantageuses. Cette opinion est si vraie que nous constatons, d'après l'énumération qui précède, qu'en l'an VIII on comptait seulement 9 arpents, c'est-à-dire 6 hectares de friches.

Si l'on considère que la vigne s'étend même sur les pentes abruptes du rocher, au bord de la côte où il semble que les façons soient impossibles à pratiquer, on estimera que l'état de culture est aussi développé qu'on peut le souhaiter au cours du XIXe siècle.

Tout le riche val de la Loire, cultivé depuis longtemps sous la protection des levées, peut être considéré comme un dessèchement et comme une conquête sur le lit du fleuve devenu trop vaste : dans ces conditions, on peut affirmer que la surface du sol tout entière fut de bonne heure en production.

Bétail. — Par sa situation même et par sa spécialité viticole, Vouvray ne fut jamais un pays d'élevage; le manque de prairies et de pâturages fut une entrave constante contre laquelle le cultivateur ne réagit jamais.

Il doit donc s'accuser de n'avoir pas fait, dans ce sens, tout ce qu'il aurait pu faire; l'élevage a toujours été insuffisant, et les fermiers ont été obligés d'y suppléer par des importations du Maine et de l'Anjou, du Poitou et de la race parthenaise. La race ovine était tirée du Berry et de la Sologne, ou croisée des mérinos de la southdown. Le nord de la commune a toujours montré plus de tendance à l'élevage du cheval, quoique dans des proportions bien réduites. On y produisait quelques chevaux qu'on peut considérer comme une tribu de la race percheronne : le poulain né à l'écurie l'hiver se vendait pour le Perche dès l'âge de six mois.

Le service de la remonte était très judicieusement organisé dans la province de Touraine où nous constatons la présence de six étalons, dont un royal, dans l'élection de Tours, sous la surveillance du garde-haras d'Amboise, avec gratification, en 1764 et 1765, de 670 livres.

Dans le cours du XVIIIe siècle, les animaux se répartissent ainsi sur l'ensemble du territoire :

Chevaux	100
Mulets	40
Anes	70
Taureau	1
Vaches	185
Moutons	123
Porcs	118

L'aménagement de quelques prairies à la fin du XIXe siècle développa sensiblement le bétail, surtout à l'époque de la crise phylloxérique, pendant laquelle il profita de la disparition momentanée du vignoble. Pendant la première moitié, jusqu'en 1860, il reste en décroissance.

RÉPARTITION DU BÉTAIL EN 1860

Chevaux		135
Mulets		30
Anes		65
Taureau		1
Vaches		155
Moutons		85
Porcs		120
Chiens de bergers	15	25
— de chasse	10	

Cultures accessoires. — La sériciculture. — Le succès et l'importance au XVIe siècle des fabriques de soieries de Tours provoqua, dans la banlieue et même dans une bonne partie de la province, l'éducation des vers à soie et, par suite, la culture du mûrier blanc.

Dans sa relation de 1546, l'ambassadeur vénitien Marino Cavalli nous affirme que les Tourangeaux « ont commencé à planter des mûriers, à élever les vers à soie, et à en tirer parti autant que le climat le permet ». On sait aussi que la famille Babou avait déjà multiplié cet arbre à Montlouis et que c'est au château de la Bourdaisière, résidence de ces puissants seigneurs, que Diane de Poitiers envoya chercher 150 pieds de mûriers blancs pour fonder sa *magnanerie* de Chenonceaux[1].

En 1607, Henri IV fit cultiver le mûrier dans les dépendances du Plessis-les-Tours, et c'est sans doute à ce moment que cet arbre pénétra sur le territoire de Vouvray et occupa une place dans la culture de son sol.

Le *Tableau de la province de Touraine* nous signale en 1762 l'état florissant de cette culture et nous fait savoir qu'elle était fort développée dans la paroisse de Vouvray, dans les terres de la vallée et des parties basses des plateaux.

Mais l'époque de la Révolution arrive et voici ce que nous lisons dans les archives de la mairie :

« Il a été détruit beaucoup de mûriers pendant la Révolution, on n'a replanté que cette année (1808) et généralement la plantation n'a pas réussi; il existe à présent 3 à 4.000 mûriers, de diverses grosseurs, qui peuvent suffire pour 10 onces (30^{gr},59) de graines; environ 15 à 20 particuliers se livrent à l'éducation des vers à soie. Ils achètent plus de la moitié des feuilles hors de la commune. Une once produit de 6 à 8 livres (2^{kg},934 à 3^{kg},912 de soie). Les bénéfices de l'éducation des vers à soie sont beaucoup moindres depuis la Révolution qu'ils ne l'étaient avant, la main-d'œuvre a doublé et l'ouvrière qui coûtait 8 sols en coûte 16 ; un mûrier fort n'était vendu que 30 sols, et il se vend 3 livres; le prix de la soie est cependant le même, excepté pour la soie blanche qui a obtenu 1 ou 2 francs d'augmentation. »

Cette situation alla toujours en s'aggravant, la culture du mûrier diminuant et les frais d'élevage augmentant, les éducateurs de vers à soie virent leurs bénéfices se réduire dans de telles proportions que le découragement s'empara d'eux et ils abandonnèrent progressivement cette industrie. Un dernier coup terrible fut porté à la sériciculture tourangelle par la maladie des vers à soie, sorte de cryptogame parasite, qui s'installa dans les *magnaneries* vers 1850, d'une façon victorieuse. Peu d'années après 1860 l'industrie de la soie était

[1] *La Vigne, les Jardins et les Vers à soie de Chenonceaux au XVI*e *siècle*, par M. l'abbé Chevalier (*Annales de la Société d'Agriculture de Tours*, 1860).

détruite et nous n'en trouvons plus de traces appréciables depuis cette époque.

Les osiers. — Toute la partie basse de la commune bordant la Loire, et les îles elles-mêmes, produisaient une grande quantité d'osiers; il en était employé sur place pour la fabrication des cercles de futailles et pour quelques vanneries, mais la plus grosse quantité était embarquée sur la Loire et exportée à Nantes.

Les salaires, frais de culture, la main-d'œuvre. — Ainsi que nous l'avons indiqué plus haut, les modes de culture étaient : le fermage pour la plupart des exploitations, le métayage pour l'exception, et le faire-valoir familial pour le grand nombre.

En outre des maîtres exploitants, on comptait en général par ferme, et selon leur importance : un ou deux charretiers, une bergère, des hommes de journée et une fille de basse-cour.

Les valets de ferme étaient employés à l'année, leurs gages étaient en moyenne, en 1863, de 300 francs, ceux de la bergère ou de la vachère 150 francs. Les hommes de journée recevaient en hiver 2 francs et en été 2 fr. 50 au temps de la moisson. La journée durait en été de cinq heures du matin à huit heures du soir et en hiver de huit heures à six heures.

C'est vers cette époque que les machines agricoles entrèrent en usage et vinrent prendre la place d'un nombre considérable de bras.

Dans ces divers modes, l'ouvrier agricole était employé pour les labeurs supplémentaires et le prix des salaires se répartissait ainsi[1] :

	XVIIIe siècle	1re moitié du XIXe siècle
Garçon laboureur, par an........	120^{l}	250 francs
Faucheux, sans vin, l'arpent.....	$5^{l}\ 5^{s}$	7 »
Bergère ou vachère, par an.......	50^{l}	100 »
— au-dessous de 20 ans.....	24^{l}	75 »
Cueilleur de mûriers, par jour....	10^{s}	0 75
Façon des blés en dehors du fermage, l'arpent................	30^{l}	45 »
Façon des autres cultures........	10^{l}	15 »
Charpentiers....................	$1^{l}\ 17^{s}\ 6^{d}$	4 »
Maçons	$1^{l}\ 17^{s}\ 6^{d}$	4 »
Charrons......................	$1^{l}\ 10^{s}$	3 50

D'après ce qui précède, on peut aisément se rendre compte des frais que les cultivateurs avaient à supporter; si nous résumons cette appréciation, nous pouvons évaluer en moyenne les frais de culture d'une exploitation, normalement conduite, de 112 à 120 francs par

[1] *Registre des délibérations*, du 27 octobre 1793 (mairie de Vouvray).

hectare en y comprenant l'entretien de la vie journalière du fermier et de sa famille.

Rendement. — En matière de statistique agricole, écoutons l'éloquence des chiffres. Nous laissons donc la parole, sur la question du rendement des céréales et des prés artificiels à Vouvray pendant le XIXe siecle, au simple tableau suivant qui en dira plus qu'une longue dissertation. Nous avons été assez heureux, grâce aux statistiques officielles, de pouvoir réunir en quelques colonnes, les données qui pourront servir avantageusement de termes de comparaison avec l'état actuel des productions que nous étudierons plus loin.

RENDEMENT DES CÉRÉALES ET DES PRAIRIES ARTIFICIELLES

ANNÉES	DENRÉES	RENDEMENT MOYEN A L'HECTARE	RENDEMENT TOTAL EN HECTOLITRES	POIDS MOYEN DE L'HECTOLITRE EN KILOGRAMMES	POIDS DE LA PAILLE A L'HECTARE EN QUINTAUX
1808	Blé	10hl	3.500	»	»
	Seigle	8	504	»	»
	Orge	7	140	»	»
	Avoine	6	720	»	»
	Trèfle	15qx	300qx	»	»
	Luzerne	25	500qx	»	»
	Sainfoin	16	240qx	»	»
1860	Blé	12hl	3.790	75	8
	Seigle	9	225	65	14
	Orge	5	60	55	7
	Avoine	8	1.016	42	5
	Trèfle	30qx	1.800qx	»	»
	Luzerne	36	2.160qx	»	»
	Sainfoin	28	1.960qx	»	»
1890	Blé	22hl	12.100	77	28
	Seigle	18	630	70	28
	Orge	17	340	60	12
	Avoine	27	7.614	49	25
	Trèfle	30qx	2.500qx	»	»
	Luzerne	40	4.000qx	»	»
	Sainfoin	25	3.360qx	»	»
1900	Blé	20hl	4.000	80	18
	Seigle	16	320	69	20
	Orge	15	150	50	8
	Avoine	20	4.000	50	10
	Trèfle	20qx	400qx	»	»
	Luzerne	20	400qx	»	»
	Sainfoin	20	100qx	»	»

Particularités coutumières. — Au cours de nos recherches de documentation, nous avons noté quelques coutumes que nous rappelons en les résumant :

a) Le fermier entrant avait le droit de mettre en bauge les chaumes de la récolte précédente et le sortant jouissait de la grange jusqu'à fin mars, à la charge de fournir à l'entrant les pailles produites au fur et à mesure des battages. Cet usage avait pour but d'éviter le déménagement des pailles lors du départ du fermier et de lui fournir le nécessaire à proximité de ses besoins immédiats.

b) Le fermier ne pouvait commencer à vendre les produits vifs : veaux avant un mois, poulains avant deux ans, laitons de un à six mois.

c) Dans les prairies naturelles, le droit de vaine pâture commençait après la récolte et devait cesser le 8 mars suivant.

d) Un jour était fixé, au printemps, pour le commencement des irrigations des prés ; le fermier était obligé de faire les réparations nécessaires avant cette date, aux fosses, rigoles, vannes, etc. Cette obligation semble, dans la région, être spéciale à la commune de Vouvray.

e) L'émondage des arbres et des haies en bordure devait être fait du 1er novembre au 1er avril. Le fermier avait en outre droit aux branches mortes et aux arbres morts ou déracinés.

Il n'y a pas lieu de s'arrêter à des particularités culturales, nos paysans étant toujours restés dans les pratiques coutumières du centre de la France.

Maladies des productions agricoles. — LA VITICULTURE. — A toutes les époques la vigne a eu des ennemis redoutables à combattre, ils étaient cependant en nombre relativement restreint pendant les siècles d'ignorance où on les subissait sans les connaître. Il semble que c'est la crise phylloxérique qui ait ouvert l'ère des désastres, car, depuis, toutes les malédictions se sont abattues sur le généreux arbuste.

Nos pères connaissaient bien tout ce qu'ils devaient redouter des intempéries de l'atmosphère, accidents causés par le froid, la pluie, le vent, la chaleur, etc., toutes choses en dehors de leur volonté qui sont restées, hélas ! de nos jours, les éternelles craintes du vigneron presque toujours impuissant. La vigne ancienne *franche de pied* connaissait aussi les tares que lui procuraient le défaut de culture ou les mauvaises conditions de nutrition : le *folletage*, la *chlorose*, le *court-noué*, etc. ; elle souffrait bien souvent de la morsure de quelques insectes : l'*altise*, la *pyrale*, la *cochylis*, le *cigarier* ou *atelabe*, l'*écrivain* ou *gribouri*, mais l'ancien vigneron ne s'en préoccupait guère dans nos régions, quand vint le *phylloxera*, le maître dévastateur, constaté officiellement à Vouvray en 1890.

Il fut plus éveillé de tout temps par les ravages des cryptogames. L'*oïdium* et l'*anthracnose* furent souvent les cauchemars qui l'empêchèrent de dormir et il eut aussi, malgré les premiers et timides traitements soufrés, l'amertume de voir ses récoltes anéanties.

Presque en même temps, en 1887, un autre ennemi, moins dangereux, parce qu'il ne tue pas sur le coup, mais plus terrible pour la récolte pendante : le *mildew* — *peronospora viticola* — s'abattit sur le vignoble tourangeau et laissa pendant trop longtemps le viticulteur égaré... dans la recherche des *bouillies cupriques* qui devaient le combattre.

Il semble que les conditions climatériques d'alors, qui peut-être furent la cause de cette invasion nouvelle, se complurent à favoriser son éclosion, et ce fut, sur nos pauvres vignobles, une floraison mortelle de tous les cryptogames de la nature ligués pour la perte de la vigne !

L'oïdium — *uncinula spiralis*, — l'anthracnose — *sphacelona ampelinum*, — la pourriture grise — *botrytis cinerea*, — le pourridié — *dematophora necatrix* — l'*eryneum* (peu commun) firent rage et obligèrent les vignerons à des traitements répétés et variés.

Un seul, le black-rot — *coniothyrium diplodiella* — a épargné, jusqu'à ce jour, les vignobles de la Touraine : mais, comme « la garde qui veille aux barrières du Louvre », notre vigilance et notre espoir n'en défendent pas nos ceps régénérés. Le fléau est à notre porte, il étend ses ravages, amoindris cependant, jusque dans le département de l'Indre, à quelques kilomètres de la frontière de notre département.

De toutes ces causes de corruption, de mauvais équilibre des éléments constitutifs du vin, ne doit-on pas craindre l'introduction dans celui-ci des germes des maladies œnologiques? Là encore le viticulteur doit être prévoyant, et éviter la *casse brune* ou *bleue* pour les vins rouges, la *casse jaune* pour les blancs, la *moisissure*, la *fermentation* secondaire, la *graisse*, l'*acétification*, en attendant le *rara avis*, l'acheteur défiant qui, dans les dernières années du XIXe siècle, prépare la crise économique dont nous aurons à entretenir le lecteur dans notre deuxième partie.

L'Agriculture. — Plus heureuse, l'agriculture proprement dite n'eut, pour ainsi dire, à compter qu'avec ses ennemis des premiers jours et, s'ils sont redoutables, ils n'ont jamais mis ses jours en danger de façon radicale.

Les accidents qui peuvent l'atteindre dépendent, comme pour la vigne, des conditions climatériques ou des maladies dues aux cryptogames et aux insectes. Les premières vinrent surprendre le cultivateur ancien, moins avisé que le moderne, et il ne sut pas toujours prévoir les accidents de la *verse* comme on le fait actuellement, autant que possible, par l'emploi raisonné des engrais. La *coulure*, la grêle, la tempête et l'*échaudage* ont toujours fait des victimes.

Dans l'ordre des végétations parasitaires, la rouille des céréales — *uredo ribigo vera* — altère la qualité des farines et en diminue la quantité ; la carie — *tilletia* — ronge le froment ; le piétin s'établit à la base de la tige, la fait jaunir et entraîne sa mort avant la maturité.

On ne retrouve aucune trace des ravages de ces maladies dans les siècles précédant le XIXe, mais on a vu, par exemple, avant la connaissance du traitement au sulfate de fer, la disparition des luzernes et des trèfles par la cuscute — *cuscuta* — aux sucerons mortels. Les champs étaient autrefois infectés (et aujourd'hui encore, trop souvent dans les terres mal cultivées) par la moutarde des champs, vulgairement sauve — *sinapis arvensis* — qui étendait sa floraison d'or pâle, ainsi que la ravenelle — *raphanistrum arvense* — dont les feuilles faisaient les délices des bestiaux et la désolation du cultivateur. A côté de ces plantes parasitaires il faut citer les coquelicots et les bluets tant chantés par les poètes de tous les temps.

Prix de la terre. — Dans les rares transactions qui nous sont parvenues du XVe au XVIIIe siècle sur le prix des terres de Vouvray, nous pouvons établir les bases de la propriété moderne et en montrer la progression.

	XVe siècle	XVIIe siècle
Terres, l'arpent.............	60 livres	200 livres
Vignes, —	80 —	300 —
Prairies, —	30 —	100 —
Landes, —	10 —	20 —

La période d'inculture étant passée, et d'autre part, malgré les événements politiques extérieurs, la population augmentant, il en résulta une élévation proportionnelle de la valeur du sol : nous constatons pour le XVIIIe siècle les chiffres suivants :

		1re classe	2e classe	3e classe
Terres labourables, l'arpent.		500 livres	400 livres	200 livres
Vignes	—	800 —	700 —	600 —
Prairies	—	200 —	150 —	100 —
Landes	—	» —	» —	25 —

Enfin, au XIXe siècle, nous reportant à trois dates précises où des ventes sont effectuées, nous constatons une nouvelle plus-value de la propriété.

				1826	1828	1863
Terres labourables,	1re classe,	l'hectare.		1.400 fr.	1.500 fr.	2.000 fr.
— —	2^{e}	—	—	1.100	1.200	1.500
— —	3^{e}	—	—	700	800	1.000
— —	4^{e}	—	—	700	700	800
— —	5^{e}	—	—	600	600	700
Vignes...........	1re classe,	l'hectare.		4.500 fr.	5.000 fr.	10.000 fr.
—	2^{e}	—	—	3.500	4.000	8.000
—	3^{e}	—	—	2.500	3.000	5.000
—	4^{e}	—	—	2.000	2.000	4.000
—	5^{e}	—	—	1.500	1.500	3.000
Prairies..........	1re classe,	l'hectare.		3.000 fr.	3.600 fr.	4.500 fr.
—	2^{e}	—	—	2.800	3.000	4.000
—	3^{e}	—	—	1.800	2.000	3.500
—	4^{e}	—	—	1.000	1.000	2.500
—	5^{e}	—	—	800	800	2.000
Bois.............	1re classe,	l'hectare.		1.000 fr.	1.200 fr.	2.000 fr.
—	2^{e}	—	—	800	900	1.800
—	3^{e}	—	—	700	800	1.500
—	4^{e}	—	—	500	600	1.200
Jardins...........	1re classe,	l'hectare.		1.000 fr.	1.000 fr.	1.500 fr.
—	2^{e}	—	—	800	800	1.200
Oseraies..........	1re classe,	l'hectare.		2.000 fr.	2.100 fr.	3.000
—	2^{e}	—	—	1.800	1.800	2.500
—	3^{e}	—	—	1.500	1.500	2.000
Landes..............................				100 fr.	100 fr.	150 fr.

Cet état de prospérité et de plus-value de la propriété dura jusqu'à la crise phylloxérique. Les terres propres aux céréales avaient plutôt tendance à la dépréciation ; les cours des blés n'étaient pas très rémunérateurs, tandis que la vigne produisait un revenu de premier ordre qui fit la fortune du pays. Il n'est donc pas étonnant de voir la valeur des vignes augmenter en proportion jusqu'en 1875, mais peu après, de 1880 à 1890, le prix retomba subitement à celui de la terre de labour, qui, à son tour, entra plus en faveur. Pendant la reconstitution, la valeur du sol planté fut celle des terres à céréales, elle se releva après la reconstitution, mais la mévente survint et, quoique moins intense que dans le Midi, elle porta un coup terrible à la valeur du sol.

A l'heure actuelle, c'est-à-dire depuis 1900 environ, les ventes de vignes sont à peu près nulles et les ventes judiciaires, quand elles donnent des résultats, prennent les proportions de véritables désastres.

Le fermage. — L'usage du fermage remonte jusqu'au premier cultivateur qui, obtenant une terre pour la cultiver, a payé une redevance en nature ou en espèces à son propriétaire. C'est de là, dans la coutume courante des premiers siècles jusqu'à l'époque moderne, que nous sont venus d'abord : la rente à ferme et le métayage, selon que l'exploitant payait en argent avec quelques obligations en nature, ou qu'il livrait au seigneur une partie des produits et une somme fixe d'argent.

Le payement des redevances donne lieu, pendant tout le moyen âge, à des règlements de comptes, à des établissements de contrats et de baux qui, dans leurs détails, nous entraîneraient dans une érudition que les limites de notre programme ne permettent pas.

Dégageons seulement l'esprit de ces conventions.

Les quelques grands domaines situés sur le territoire de la communauté étaient évalués en bloc d'un commun accord, toujours, cependant, à l'avantage du maître tout puissant, mais qui ressortait à une moyenne de 25 à 30 livres l'arpent, tant pour les terres que pour les vignes et les bois. Cependant nous voyons en 1400 le fief du Bouchet appartenir à Pierre Berruyer, premier seigneur connu, et celui-ci affermer son domaine pour 2.000 livres [1], ce qui mettait les terres à 30 livres l'arpent, les prés à 20 livres, les vignes à 40 livres.

Par un reçu daté du 17 décembre 1615 [2], noble homme François Deschamps, conseiller du roy et magistrat au siège présidial de Tours, loue à Vaugondy, cultivateur à Vouvray, des terres de culture à 40 livres l'arpent, des vignes à 60 livres et une cave à 10 sols de rente par an.

[1] *Familles et Paroisses de Touraine* (fonds Salmon, Bibliothèque municipale de Tours).

[2] *Statistique des paroisses* (manuscrit 1496, Bibliothèque municipale de Tours).

En 1766, l'intendant Ducluzel nous fait savoir par son rapport que les terres des plateaux atteignaient de 50 à 60 livres l'arpent, mais que celles de la vallée, qui portaient souvent deux récoltes dans la même année, s'affermaient de 80 à 92 livres[1].

Enfin les registres municipaux de 1823 nous montrent l'échelle des prix des fermages établis comme il suit[2] :

		L'arpent	L'hectare
Terres labourables,	1re classe.......	30 fr.	45 fr.
— —	2e —	25	37 50
— —	3e —	15	22 50
— —	4e —	10	15 »
— —	5e —	3	4 50
Prés..............	1re classe.......	70 fr.	105 fr.
—	2e —	60	90 »
—	3e —	45	67 50
—	4e —	25	37 50
—	5e —	10	15 »
Vignes............	1re classe.......	100 fr.	150 fr.
—	2e —	80	120 »
—	3e —	50	75 »
—	4e —	25	37 50
—	5e —	10	15 »
Bois..............	1re classe.......	10 fr.	15 fr.
—	2e —	8	12 »
—	3e —	5	7 50
—	4e —	2	3 »
Jardins...........	1re classe.......	40 fr.	60 fr.
—	2e —	30	45 »
Oseraies..........	1re classe.......	70 fr.	105 fr.
—	2e —	40	60 »
—	3e —	7	10 50
Aulnaie et saulnaie.	1re classe.......	30 fr.	45 fr.
— —	2e —	15	22 50
Pâtures...........	1re classe.......	10 fr.	15 fr.
—	2e —	4	6 »
Pâtures plantées...	1re classe.......	15 fr.	22 50
— — ...	2e —	10	15 »
— — ...	3e —	5	7 50
Bruyères..........	classe unique...	1 fr.	1 50
Pièces d'eau..... / Marais, fosses.....	classe unique...	6 fr.	9 fr.

[1] *Tableau de la province de Touraine.*
[2] *Registre des délibérations*, du 26 mars 1823 (mairie de Vouvray).

Maisons,	1re	classe	150 fr.
—	2e	—	120
—	3e	—	80
—	4e	—	70
—	5e	—	60
—	6e	—	50
—	7e	—	35
—	8e	—	20
—	9e	—	10
—	10e	—	5

Deux tuileries dont les terrains spéciaux d'argile ferrugineuse s'étendaient dans la vallée de la Loire, entre le fleuve et la Cisse, au lieu dit les Tuileries, et existaient depuis des siècles, étaient louées 100 francs l'arpent, soit 150 francs l'hectare.

La valeur des revenus, rentes ou fermages ne put donc que suivre la marche de la propriété très florissante pendant le cours du XIXe siècle. La culture de la vigne, faite selon les anciennes coutumes appropriées d'ailleurs aux conditions de leur époque, donna les meilleurs résultats; il n'en fut pas tout à fait de même pour les céréales.

Comme on l'a vu, le métayage n'avait pour ainsi dire pas de place dans nos mœurs culturales. Il y avait tout au plus une tendance à un mélange combiné de métayage et de fermage, plutôt regrettable, qui ne donnait pas les résultats désirables, pour la raison que le fermier, manquant généralement de fonds de roulement, ne dirigeait pas assez ses opérations vers le produit du bétail. Le rôle protecteur du propriétaire n'apparaît pas assez pour guider les fermiers, les aider de ses capitaux, les favoriser par l'exécution large et généreuse des conditions du marché. Au contraire, l'idée dominante était toujours, même au XIXe siècle, de charger le fermier de lourdes obligations, d'en tirer tout le profit possible par des conditions supplémentaires qui montrent l'étroitesse et l'avarice des conceptions.

L'impôt état presque toujours à la charge du rentier, il devait fournir tous les transports de matériaux destinés aux réparations; le cheptel était toujours insuffisant, pas assez nombreux parce que le fermier ne pouvait pas l'augmenter, ou parce que le propriétaire ne « voulait » pas avancer les fonds nécessaires. En plus, il était dû des redevances annuelles et mensuelles en blé, porc, volaille, beurre, œufs et fromages, qui formaient encore un chiffre important.

Quelle était donc la cause de cet état de choses? Le manque de confiance du propriétaire dans son fermier.

En général, la classe des fermiers avait pour habitude de placer ses économies dans la propriété foncière qui lui était accessible par son extrême morcellement. Son but était de devenir le plus tôt possible le faisant-valoir familial, de devenir « son maître » en quittant la ferme. Le propriétaire, de son côté, ne sentant pas de sécurité, restait défiant envers son exploitant et se tenait sur la réserve pour les sacrifices. Une seule condition apportait quelque tempérament dans cet état de gêne : la longueur des baux à ferme. Anciennement la durée des baux était très longue, on en connaissait communément de quinze et vingt ans, et c'était là une énorme ressource pour le fermier qui pouvait faire des avances à sa terre, certain de les retrouver avant le terme de son bail. Le fermier intelligent établissait un assolement alterne et pouvait prendre au moins trois récoltes de chacune des plantes qui entraient dans sa rotation. Le bail d'une ferme dont l'assolement se composait de cinq cultures successives était, au moins de quinze ans, et de vingt et un ans s'il était formé de sept cultures.

Vers la fin du XIXe siècle la longueur des baux se raccourcit sensiblement : les engagements sont souvent de trois, six, neuf, douze ans ou quatre, huit, douze, selon l'assolement pair ou impair. Dans les parties basses du val de la Loire, on a vu même des fermages basés sur la culture biennale.

Quant aux cultures de vignes, l'état de prospérité a maintenu ou le *faire-valoir* personnel, ou la *closerie* dont nous avons parlé. Le propriétaire s'enrichissant dans son domaine ne songeait pas à changer de système. Quelques tentatives de métayage à moitié fruits ont été faites seulement quand la crise s'est montrée, afin de faire passer sur le cultivateur une partie des charges que le propriétaire prévoyait lourdes dans un avenir prochain. Cette tendance s'accrut encore dans les dernières années du XIXe siècle, à mesure que la crise économique montait à l'horizon des propriétaires-fermiers. Mais, naturellement, dans la plupart des cas, les propositions ne furent pas acceptées, les paysans se montrèrent rebelles à cette combinaison et on resta en présence du vigneronnage familial, de la closerie et de l'exploitation du riche propriétaire cultivée par des domestiques à gages.

Cette évolution ne put se faire ; beaucoup l'auraient désirée et le propriétaire de vignobles, grands ou petits, demeure, à l'aube du XXe siècle, regardant, non sans anxiété, le nuage lourd d'orages qui monte dans son ciel.

Prix des denrées. — Mesures. — Le prix des denrées a to jours été en rapport direct de la valeur du sol et de son état de culture. C'est en effet l'histoire générale du pays de France, de la Touraine et de Vouvray en particulier ; les fluctuations commerciales sont donc basées en principe sur l'activité plus ou moins grande des cultivateurs à mettre leur sol en production.

Avant de pénétrer dans le détail des chiffres et afin d'établir des comparaisons fructueuses, il nous semble indispensable de donner ci-dessous un aperçu comparatif des mesures locales usitées avant la création du système métrique.

Grains. — Le *setier* était la plus grande mesure et se divisait en douze *boisseaux*, le boisseau en deux demis et le demi-boisseau en deux quarts.

On ne se servait dans les marchés que du setier et du boisseau et on donnait pour le setier, 11 boisseaux mesurés *ras* et le 12e *comble.*

Le boisseau de Tours pesait 18 livres. La contenance du setier et du boisseau variait selon qu'il s'agissait du blé ou de l'avoine.

Le setier	à blé valait	1^{hl},4^{dl},2^{l},
	à avoine	1 7 4
Le boisseau	à blé	1 1^{l},80^{cl}
	à avoine	1 4 50

L'hectolitre représente	8 boisseaux 450
Le décalitre	» — 845

Poids. — Le *quintal* valait 100 livres, la *livre* ancienne 489 grammes, elle se divisait en 16 *onces* dont chacune valait elle-même 8 gros.

Le quintal valait		48^{kg},900^{gr}
La livre	—	489
L'once	—	30 ,59^{cg}
Le gros	—	3 ,82
Le denier	—	1 ,27
Le grain	—	0 ,05

	livres	onces	gros	grains
Le kilogramme vaut	2 livres	0 onces	5 gros	35 grains
L'hectogramme	3	— 2	— 10	—
Le décagramme		2	— 54	—
Le gramme			18	—

Liquides, vins. — Le demi-muid n'a jamais été une mesure locale ni d'un usage courant. Le commerce, en introduisant, dans les vingt dernières années du xixe siècle, les vins du Midi en Touraine, a généralisé l'usage de ces fûts lourds et de fabrication méridionale, mais dans les transactions commerciales seulement.

La pièce de Touraine, ou poinçon, représentait	2^{hl}, 50^{l}
Le quart (ou 1/2 pièce)	1 , 25
Le quartaud	50^{l} à 60^{l}
La pinte	0^{l},931
La chopine, ou fillette	0 ,465

Mesures de longueur. — La *lieue* commune était composée de 2.000 *toises*, la toise valait 1^{m},949 ; elle se divisait en 6 *pieds* de 0^{m},333 et le pied en 12 *pouces* de 12 *lignes* chacun.

Pour les étoffes, l'*aune* et ses subdivisions en demis et en quarts étaient seules en usage ; l'aune équivalait à 1^{m},884.

Mesures agraires. — L'arpent de Touraine vaut 100 chaînées de 25 pieds carrés.

L'arpent de Touraine équivalait à	66^{a},67^{ca}
La chaînée	66 ,67
Le pied carré	2 ,66

L'hectare vaut	1 arpent 50 chaînées		
L'are	1	—	12 pieds 5
Le centiare		0 —	375

Bois. — Pour les bois de chauffage la corde et ses subdivisions étaient seules pratiquées à Vouvray et dans la région ; elle était égale à 8 pieds de long, 4 de haut et 3 de large, soit : longueur, 2^{m},664 ; hauteur, 1^{m},332 ; largeur, 0^{m},999, ce qui représente un peu moins de 4 stères.

Monnaies.— Aux époques anciennes, il n'était guère de seigneur disposant de quelque puissance qui n'eût le droit de frapper monnaie ; nous n'entrerions pas dans ce détail sans faire un cours de numismatique tourangelle, ce qui n'est pas notre tâche. Constatons seulement que Tours fut l'une des plus anciennes villes où l'on frappa monnaie.

En 1337 nous trouvons des lettres patentes du roi Philippe VI de Valois qui consacrent et étendent les privilèges de la corporation des monnayeurs appelée *Serment de France*.

Son hôtel des monnaies, réputé de longue date, créa la *livre tournois*, et, à partir de 1540, imprima sur ses produits la lette E caractéristique de sa fabrication.

La quantité des types de monnaies qui furent frappés à Tours fut considérable, depuis les écus d'or jusqu'aux livres tournois et au denier de cuivre. Les rois de France les adoptèrent et ils étaient d'un usage courant dans la population selon les époques et celui qui les faisait frapper.

La livre tournois valait 20 *sols* et chaque sol 12 *deniers*.

Le *liard* fut également d'un très grand usage, il y en avait 4 au sol de chacun 3 deniers.

La livre tournois valait	0 fr.	9876
Le sol	0	0494
Le denier	0	00411

Prix des denrées. — D'après une série de renseignements puisés à bonne source, et malgré la nuit qui environne ces temps reculés, nous pouvons établir ainsi qu'il suit le tarif de quelques denrées pour l'année 1405 [1].

PRIX DE L'ANNÉE 1405

Froment, le setier	1l 18s 3d
Seigle	20s 4d
Avoine	15s 8d
Orge	18s 5d
Légumes secs	5l 6s 3d
Bœufs, par tête	80l
Veaux	4l
Moutons	2l
Porcs	6l
Laine brute, le quintal	40l
Vin, la pièce	10l

Il franchit un assez long espace de temps pour obtenir à nouveau des renseignements précis ; le XVIIe siècle nous les fournit ainsi avec les archives de l'administration provinciale : finances, agriculture, commerce, maîtrise des eaux et forêts, etc. [2]. On y relève les traces des transactions, des édits et lettres patentes protégeant les denrées, interdisant des usages fâcheux, ou accordant des privilèges.

[1] Archives d'I.-et-L., B. 168, E. 34 (Bibliothèque de Tours, *Inventaire des paroisses*).

[2] Archives dép. d'I.-et-L., B. 126, C. 27, C. 337, C. 416, C. 417, C. 418, 19, C. 422 (Bibliothèque municipale de Tours, *Inventaire des paroisses*, manuscrit nº 1496).

Chaque détail saisi au passage nous donne les bases ci-après, où une augmentation de valeur est aisément constatée.

PRIX DE L'ANNÉE 1650

Froment, le setier		$3^{l}\,15^{s}\,5^{d}$
Seigle		$2^{l}\,10^{s}\,4^{d}$
Avoine		$1^{l}\,15^{s}\,2^{d}$
Orge		$1^{l}\,18^{s}\,10^{d}$
Méteil		$1^{l}\,5^{s}\,2^{d}$
Pois secs		$8^{l}\,6^{s}\,3^{d}$
Haricots		$5^{l}\,4^{s}\,2^{d}$
Bœufs, par tête		160^{l}
Veaux		10^{l}
Moutons		4^{l}
Porcs		12^{l}
Viandes de boucherie	Bœuf, la livre	$3^{s}\,4^{d}$
	Veau	$3^{s}\,4^{d}$
	Mouton	$3^{s}\,4^{d}$
	Porc frais	3^{s}
	Lard	6^{s}
Pain	La livre, froment	$1^{s}\,5^{d}$
	— seigle	15^{d}
	— méteil	17^{d}
Laine brute		90^{l}
Vin, la pièce		20^{l}
Eau-de-vie, le setier		80^{l}
Fourrage, le quintal		$18^{s}\,10^{d}$
Huile de noix, le quintal		20^{l}
Cire, le quintal		65^{l}
Soie	brute, le quintal	1.575
	apprêtée, le quintal	2.885^{l}
Filasse de lin, le quintal		50^{l}
— chanvre, le quintal		30^{l}
Fer, le quintal		12^{l}
Bois à brûler, la corde		3^{l} à 50^{s}

Un document, précis entre autres, pour donner un aperçu des prix des transports, main-d'œuvre et objets artistiques, nous apprend que, le 8 septembre 1615, Marc de l'Echeneau, vicaire, et Urbain Pinon, curé de Vouvray, ont payé diverses dépenses pour les frais de confection et transport de trois statues destinées à l'église de la paroisse ; en voici le texte :

« Dépens par Michel Aveline chapelain ordinaire de Vouvray; dépens et louage de 2 chevaux, pendant 2 jours, pour avoir esté à Amboise pour parler à un nommé Courault sculpteur pour faire un crucifix dans l'église du dit Vouvray, payé 27 sols pour ce, et pour sa nourriture chez André Grandin cabarettier 16s. En plus pour autres dépenses, tant au dit sculpteur, son père, et un menuisier et un serrurier et plusieurs autres hommes qui ont aydé à haller et appliquer les ymaiges du dit crucifix, Notre-Dame, et saint-Jean l'Evangéliste en la place où ils sont à présent, dans l'église de Vouvray, la somme de 40s, plus payé aux sculpteurs pour les trois ymaiges : 60 livres [1]. »

L'état des récoltes, à partir du XVIIIe siècle, quoiqu'en progression à Vouvray, au point de vue du rendement, commence à fléchir dans toute la région centrale environnante et nous prépare à constater les crises partielles qui aboutirent en 1725, dans la Mayenne, dans le Poitou et le Maine, à des émeutes provoquées par la rareté des grains et la famine qui en est la conséquence.

En 1740, 1748 et 1752, on trouve des traces dans la correspondance des intendants de Lesseville, de Magnanville et Ducluzel de distribution de riz aux pauvres de la généralité et, notamment, dans les paroisses de Verneuil, Saint-Flovier, Betz, Chaumussay et Amboise. Il n'est pas question de Vouvray, mais tout porte à croire que la situation était la même, quoique moins aiguë cependant. Le tableau suivant nous en donnera un ensemble.

[1] *Inventaire des paroisses*, manuscrit 1496 (Bibliothèque municipale de Tours).

PRIX DES DENRÉES AU XVIIIe SIÈCLE[1]

	1740	1747	1764	1765	1766	1770	1799	1800
	l. s. d.	l. s. d.	l. s. d.	l. s. d.	l. s. d.	l. s. d.	fr. c.	fr. c.
Blé, le setier			13 4 4	16 16 7	21 19 10	40 15 5	24 35	27 24
Seigle, —			8 2 3	9 6 10	14 19 6	25 5 2	13 55	18 84
Méteil, —			8 19 8	10 6 7	13 3 1	20 3 1		22 56
Pain, la livre: Fine fleur, froment			2 6	2 4	3	5		
Pain, la livre: Froment			2 1	2 1	2 8	4 5		0 2075
Pain, la livre: Méteil			1 6	1 8	2 2	4		
Pain, la livre: Seigle			1 3	1 1	1 4	3 2		» 12
Farine de froment		5 2 3	6 1 2	6 3 4	7	8 2 1	9 »	10 50
Son, le boisseau		4 6	12 1	13 2	12 6	1 2 1		2 20
Orge, le setier			6 14 11	9 12 11	13 2 11	20 5 2	13 20	17 20
Avoine		3 12	5 9 4	6 13 7	5 19	6 5 1	8 40	16 08
Blé noir				9				14 »
Pois secs			22 10 4	33 16 7	35 12 4	40 10 8		39 »
Haricots			15 16 10	21 9 9	25 17 7	30 11 5		38 »
Grosses fèves, le setier					9 14 6			
Châtaignes, le boisseau			1 1 3					12 »
Bœufs: gras, la tête			250	250	250	280		320 »
Bœufs: de labour			200	200	200	230		
Veaux			15	15	16 5	18		30 »
Moutons			7	7	7	7 5		10 »
Vaches à lait			40	40	40	41		60 »
Génisses			40	40	40	40 5 8		55 »
Porcs gras			30	30	30 16 18	31 3 2		40 »
Viande, la livre: Bœuf			4 8	5	5 9	6		» 45
Viande, la livre: Veau			4 8	5	5 9	6		» 45
Viande, la livre: Mouton			4 8	5	5 9	6		» 45
Viande, la livre: Porc frais			4	4 6	4	4 5		» 35
Viande, la livre: Lard			10	10	10	10 5		» 20
Fourrage: Foin, le quintal		1 12	1 17 7	2 7 7	2 9 6	3 1 2	1 10	3 37
Fourrage: Prés sur pied, la chaînée	15 2					1 2 12		1 12
Fourrage: Paille			1 4 6	1 6 4	1 15	2 5 3		1 65
Huile: d'olive, le quintal			75	75	75			100 »
Huile: de noix —			40	40	40			50 »
Cire: Jaune			180	180	180			200 »
Cire: Blanche			240	240	240			250 »
Cire: Bougie, la livre			2 10	2 10	2 10			2 75
Suifs: en pain, le quintal			40	40	40			50 »
Suifs: Livre de chandelles			9 6	9 6	9 11			1 50
Soie: brute, le quintal			2445 9	2666 4 6	2733 6 8			
Soie: apprêtée —			3985 9	3400	3633 6 8			
Laine: filée, le quintal			216 7 3	200	200	202		220 »
Laine: brute, —			130 18 2	130	130	130 15 5		150 »
Lin: fin, le quintal			90	87 12	81 2 2			95 »
Lin: commun, —			45 9 1	43 6 8	46 2			51 »
Chanvre: fin, le quintal			45	43 6 8	45 10			52 »
Chanvre: commun, le quintal			23	22 6 8	25 10			30 »
Vins: blanc, la pièce			40 3 8	45 8 5	45	40	60	70 »
Vins: rouge, —			30 1 2	32 7 6	32 7 5	28	35	40 »
Eau-de-vie de vin, le setier			106 5 3	116 6 7	125 14 3	128	130	130 »
— de cidre, —			112	115 3 5	120			
Fer, le quintal			20	20	20			30 »
Bois à brûler, la corde			24	24	24			28 »

[1] **Archives dép. d'I.-et-L., C. 82, 86, 94, 96, 97, 98, 99, 100, 101;** *Registre des délibérations de la paroisse de Vouvray*, **du 2 juillet 1769 (mairie de Vouvray);** *Tableau de la province de Touraine*, **1762-1766 (Bibliothèque municipale de Tours).**

Le vin dans les cabarets valait 12 sous la pinte en 1793.

Il est à remarquer qu'en cette désastreuse année 1770, le 4 juillet, le setier de blé a été vendu $40^{l}15^{s}5^{d}$ et que ce même jour, le prix du pain a été taxé à 53 deniers soit $4^{s}5^{d}$ la livre de froment courant.

Si on compare ce prix à celui de l'année 1764, on voit qu'il a pour ainsi dire triplé et que le blé et le pain jusqu'alors n'avaient jamais atteint ce chiffre.

En 1771, 1772 et 1773 on signale le pillage de chargements de grains destinés à Tours. Les apparences des récoltes sont mauvaises en 1782 et 1786, et enfin l'effroyable hiver de 1788-1789 provoque un brusque et considérable renchérissement du prix du blé, qui occasionne un emprunt de 180.000 livres, de la part des échevins de Tours, pour acheter les grains nécessaires à l'approvisionnement de la ville. On prend des mesures pour réquisitionner les magasins de blé et on parle, sur certains points de la contrée, de pain fait avec de l'avoine et de gens qui se nourrissent de son bouilli et de racines[1].

Avec le XIXe siècle nous revenons progressivement vers les cours normaux; après les années troublées par la révolution et par les guerres de l'empire, les cours reviennent à leur moyenne et même, par la suite, s'abaissent dans des proportions inquiétantes pour le cultivateur.

Les causes diverses de cet état de choses doivent se rencontrer dans l'amélioration des cultures qui produisirent davantage, dans la concurrence des produits étrangers qui ne demandaient qu'à entrer en France, et aussi par la décroissance constante de la population.

C'est dans ces conditions que nous aborderons la période actuelle pour en faire ressortir la situation.

[1] Archives départ. d'I.-et-L., C. 96, 98, 99, 100, 101.

NATURE DES DENRÉES	1810	1820	1830	1840	1850	1860	1870	1880	1890	1900
	fr. c.	fr. c.	fr. c.	fr. c.	fr. c.	fr. c.	fr. c.	fr. c.	fr. c.	fr. c.
Blé, l'hectolitre	11 22	13 44	19 92	22 98	13 60	17 07	18 41	24 90	20 09	13 »
Méteil, —	8 35	11 28	16 72	»	»	»	»	»	»	»
Seigle, —	6 40	9 28	15 36	17 33	7 68	10 84	12 97	14 16	12 20	9 80
Orge, —	6 42	7 60	13 36	»	7 52	10 67	12 75	14 62	12 25	10 »
Avoine, —	4 92	6 80	12 16	7 »	6 42	8 50	9 25	10 »	11 57	8 20
Pois secs, —	14 75	10 »	»	20 »	15 »	»	»	»	»	»
Foin, le quintal métrique	3 50	8 »	8 »	7 »	6 50	7 60	10 50	»	»	10 »
Paille	2 10	3 »	4 50	4 »	3 30	4 25	5 50	»	»	3 50
Son, le décalitre	2 50	»	»	»	»	»	»	»	»	»
Pain blanc, le kil.	» 2166	» 225	» 32	2 15	» 233	» 29	» 32	» 39	» 36	» 30
Pain bis —	»	» 175	» 27	1 80	» 194	» 241	» 28	» 32	» 30	» 24
Farine, les 100 kil.	»	14 16	»	»	»	34 50	»	42 67	35 45	26 22
Viande Bœuf, le kil.	» 80	» 80	» 90	» 90	1 »	1 20	1 50	1 80	1 60	1 50
Viande Vache —	»	» 70	» 80	» 80	» 90	1 10	1 30	1 70	1 50	1 50
Viande Veau —	»	» 80	» 90	» 90	1 »	1 20	1 90	1 80	1 60	1 60
Viande Mouton —	»	» 80	» 90	» 90	1 »	1 20	1 70	1 80	1 80	1 80
Viande Porc —	»	» 90	1 »	1 10	1 10	1 30	1 60	1 80	1 50	1 70
Bois, le stère	65 »	12 50	13 60	12 50	13 50	»	»	18 35	»	»
Charbon, l'hectolitre	4 »	4 »	»	3 50	3 30	»	»	3 50	3 50	3 50
— fossile	»	3 50	»	2 40	2 40	»	»	3 50	4 50	5 50
Pommes de terre	»	2 40	»	»	5 »	7 »	»	5 75	»	12 »
Riz, l'hectolitre	»	»	»	70 »	75 »	»	»	»	»	»
Châtaignes	»	16 »	»	»	16 50	17 »	»	24 »	»	20 »
Vin, l'hectol. blanc grands crus	40 »	40 »	32 »	90 »	40 »	50 »	90 »	60 »	40 »	90 »
Vin, l'hectol. blanc courants	28 »	32 »	28 »	36 »	20 »	36 »	40 »	30 »	26 »	35 »
Vin, l'hectol. rouge	20 »	24 »	24 »	32 »	18 »	30 »	32 »	24 »	22 »	30 »
Eau-de-vie	120 »	125 »	105 »	100 »	40 »	90 »	120 »	100 »	120 »	120 »
Bière (cours de Tours)	28 »	25 »	30 »	35 »	32 »	32 »	»	»	»	3 »
Huile de noix, le décalitre	6 »	6 50	7 »	8 »	9 »	10 »	12 »	10 »	10 »	12 »
Vinaigre	10 »	12 »	15 »	15 »	15 »	16 »	»	»	»	20 »
Soie brute, les 100 kil. (cours de Tours)	6375 »	6462 »	6525 »	6530 »	6220 »	5540 »	L'industrie presque disparue n'offre plus d'intérêt			
Soie apprêtée	8165 »	8324 »	8430 »	8462 »	8115 »	7410 »				

Débouchés. — Par sa merveilleuse situation au centre du pays, aux portes de Tours, sur la rive d'un grand fleuve, et sur les voies qui, successivement, à travers les âges, relièrent Paris à Bordeaux et Nantes à Orléans, Vouvray eut, de tous temps, de précieux débouchés pour ses produits. Il suffit de jeter un regard d'ensemble pour voir, aux temps anciens, les blés, les céréales, les vins, les légumes, les fruits, les osiers, les briques de sa fabrique des Tuileries, passer sur les vastes radeaux des marchands fréquentant la Loire, suivre son cours vers Nantes et l'exportation, ou la remonter pour pénétrer vers Paris, le nord et l'est.

D'autre part, si Vouvray ne fut jamais le siège de marchés importants, le pays se trouvait au centre d'un triangle formé par Châteaurenault, Amboise et Tours, où se tinrent, de longue date, des assises commerciales considérables.

La coutume d'une assemblée à Vouvray pour la location des domestiques, le dimanche de Quasimodo (1er dimanche après Pâques), et d'une foire locale importante le 8 septembre, remonte très loin, ainsi que celle d'un marché hebdomadaire le dimanche matin.

Tours vit cette situation sanctionnée par les lettres patentes de François Ier du mois d'août 1543, par lesquelles il instituait deux foires franches en la ville, le 8 mars et le 15 septembre, d'une durée de 15 jours chacune et à l'instar de celles de Lyon.

Les anciennes foires de Tours furent confirmées par lettres patentes données à Versailles, en mai 1782, mais les dates en furent changées et reportées, l'une au 25 avril et l'autre au 10 août, toutes sortes de franchises et avantages leur furent données pour favoriser les transactions sur les produits de la terre et des manufactures[1].

Peu après, en 1793, le 8 septembre, le Comité de Salut public de Vouvray organisa quatre foires par an, le 22 janvier, le 19 mars, le 6 juillet et le 7 septembre et institua le marché de chaque semaine tous les vendredis[2].

De ces marchés, les denrées rayonnaient dans toutes les directions et dans des conditions diverses selon leur nature. Nantes était le principal débouché pour les céréales, les menus grains, les fruits, les osiers, les cercles et les tonneaux, pour la consommation régionale et pour l'exportation. Les vins surtout étaient l'objet d'un commerce

[1] *Origine, importance et durée des anciennes foires de Tours*, par A. Chauvigné, in-8°, 1885.

[2] *Registre des délibérations* (mairie de Vouvray).

important, les rouges pour la région, les blancs pour les Flandres et la Hollande.

De 1764 à 1766, le commerce des vins blancs de Vouvray était considérable avec les pays du Nord où leur réputation s'était établie victorieusement; les deux paroisses limitrophes, Vouvray et Rochecorbon, sont citées pour expédier annuellement 9.000 pièces pour Nantes et le Nord, à 40 livres de prix réduit représentant un commerce d'ensemble de 360.000 livres [1].

Jusqu'en 1784 les vins de Vouvray n'étaient pas autorisés à franchir les mers lointaines des colonies; dans les lettres patentes du 10 mai 1723, seuls les vins de Touraine ne jouissaient pas de ce privilège. Sur une proposition de la paroisse de Vouvray, les officiers municipaux de Tours adressèrent une requête au roi pour obtenir la liberté de passage des vins de Touraine, et basèrent leur réclamation sur la façon victorieuse dont ils voyagent au loin et sur mer.

L'autorisation fut donnée par arrêt du 4 avril 1784, et dès lors, le commerce prit un nouvel essor par le port de Nantes [2].

Du côté des voies de terre les denrées et les vins suivaient les routes de Paris par Orléans et par Vendôme et Chartres, les rouliers offraient une activité considérable et un arrêt du Conseil du roi du 14 septembre 1782, révoquant celui du 9 août 1781, autorise les marchands à se servir de toutes voitures d'eau ou de terre ; les messageries royales, qui avaient le privilège exclusif jusque-là des voyageurs et des marchandises légères, furent dans la suite concurrencées par les entreprises particulières.

Le Bureau des carrosses et messageries royales de Tours expédiait à Paris, et en recevait, deux fois par semaine, des coches qui traversaient Vouvray au long de la Loire ; il y avait aussi un mallier ou messager à cheval; les premiers prenaient pour les voyageurs 30 livres sans nourriture, le deuxième 42 livres, compris nourriture, pour les marchandises, hardes et paquets il en coûtait 2^{s} 6^{d} par livre par les carrosses et 3 sols par le mallier.

Des carrosses, fourgons et malliers se dirigeaient également sur Bordeaux par Poitiers, sur la Rochelle par Chinon, sur le Bourbonnais par le Berry; sur Rennes, la Bretagne et la Normandie.

Les envois de bétail étaient pour ainsi dire nuls; mais nous savons que les laines avaient des débouchés sérieux vers les fabriques de Romorantin, en Sologne, d'Elbeuf et de Louviers.

[1] *Tableau de la province de Touraine* (Bibliothèque de Tours).
[2] Archives d'I.-et-L., C. 27.

Modes de vente. — Le système des transactions était d'une seule sorte pendant tout le moyen âge et la Renaissance jusqu'au XIXe siècle. Les marchands se déplaçaient, ils venaient dans les foires et sur les marchés, voyaient les marchandises, en discutaient les prix, et par un simple accord verbal, par l'échange d'une parole accompagnée toujours d'un battement dans la main droite, les marchés étaient conclus. Ces habitudes ont survécu même de nos jours, surtout dans le commerce des bestiaux.

Pour les vins il en était de même, les marchands descendaient du Nord et des Flandres ; ils dégustaient le contenu des barriques et scellaient les marchés en vidant la *fillette* tirée de l'arrière-réserve des caves ténébreuses.

Avec les temps modernes, à partir du début du XIXe siècle la nécessité du *courtier*, c'est-à-dire de l'intermédiaire, s'est implantée dans les mœurs et a donné naissance à une profession nouvelle : le courtage, qui s'est confondue naturellement avec la tonnellerie.

La difficulté de l'écoulement des marchandises, soit en vin, soit en grains, a été la cause déterminante de l'intermédiaire. La concurrence, et peut-être l'abondance, en ont été les auxiliaires ; quoi qu'il en soit, sans préjuger des temps futurs, le courtage a été un rouage utile pour l'époque qui nous occupe ici.

Impôts. — Situation financière. — L'examen de la situation financière de la paroisse et de la commune qui lui succéda s'impose dans cette étude qui doit donner une idée, aussi complète que possible, de l'évolution qu'elles ont accomplie. Pénétrons-en donc les mystères en recherchant les bases sur lesquelles étaient établies les ressources et les charges de l'Administration. Cette recherche disparaît en effet dans les brumes d'un lointain passé, au milieu des droits féodaux et de l'avidité des divers pouvoirs qui pesaient lourdement sur le peuple. Les impôts généraux étaient, comme on sait, de deux sortes : les impositions royales, qui allaient tout droit au Trésor et les impôts, qui étaient perçus au profit des communautés et qui leur étaient spéciaux. Les premiers étaient représentés entre autres par la capitation, la taille, les vingtièmes, et remontent fort loin. La *capitation* qui fut levée pour la première fois par ordre de saint Louis en 1266, pour la deuxième en 1355 par le roi Jean, et plus tard par Louis XIV le 18 janvier 1695, était répartie de la façon suivante, ainsi qu'en témoignent des renseignements très rares et fugitifs saisis au hasard des archives départementales[1].

Sur l'avis du «curé et des gens de bien» de la paroisse de Vouvray, il était choisi 30 personnes qui en désignaient 12 d'entre elles qui, après avoir juré de bien faire l'assiette, se livraient au travail de la répartition.

Le taux de répartition était de 4 livres pour 100 livres de revenu, 20 sols au-dessous de 40 livres. Les laboureurs, ouvriers, serviteurs à gages étaient taxés à 10 sols; seuls étaient exempts les veuves, les enfants en tutelle, les religieux cloîtrés et les mendiants.

Dans l'élection de Tours bon nombre de paroisses étaient exemptes du paiement de la taille. Vouvray n'avait pas ce privilège. Nous savons que, de 1698 à 1762, les charges consignées au *Brevet de la taille* avaient été augmentées d'un tiers et Vouvray taxé de 1771 à 1787 pour la taille et la capitation à la somme de $7.235^{l}10^{s}6^{d}$.

Le mandement qui servait de titre pour la perception de l'impôt était déposé en octobre au greffe de Vouvray, la répartition avait lieu dans le cours du mois et formait ce qu'on appelait *l'assiette de la taille* ou *répartement*.

Cette répartition était faite en prenant pour but le revenu net imposable, ou allivrement, qui était de $11^{s}4^{d}$ pour livre du principal de la taille, et de 9 sols pour livre pour les impositions extraordinaires, soit en tout $20^{s}4^{d}$, compris les frais de perception.

La collecte des deniers se faisait dans la paroisse par deux *collecteurs;* leurs fonctions ne devaient durer qu'une année; mais elles s'étendaient souvent à dix-huit mois ou deux ans, en raison de la difficulté de la perception de l'impôt. Les frais de collecte en faveur de ceux qui l'opéraient étaient de 6 deniers pour livre et pesaient lourdement sur le contribuable.

En dehors des impôts principaux, une série d'autres charges, les vingtièmes, l'industrie, les droits de Paulette sur les charges de judicature, le don gratuit des villes, étaient encore perçus au nom du roi et pour son trésor. A ces droits, venaient s'ajouter les deniers perçus par les fermiers généraux sur les aides, le tabac, le sel, les droits de traite, les droits de contrôle des actes, etc.

La quote-part de la paroisse pour ces diverses impositions royales anciennes nous échappe dans ses détails, faute de documents, nous saisissons seulement, au passage des textes, une liste qui nous apprend

[1] Archives d'I.-et-L., C. 1 à 25.

que Vouvray était inscrit au rôle du *don gratuit* des villes pour la somme de 100 livres [1].

La paroisse, d'autre part, avait à supporter le paiement « des deniers perçus au profit des communautés ou qui ne tournent point à celui du Trésor royal », tels que les sommes nécessaires aux réparations et à l'entretien de l'église, des ponts, des chemins et monuments municipaux, les droits sur les cartes à jouer, la création de pépinières de mûriers, etc.

Nous résumons dans le tableau suivant les tarifs qui intéressent les principaux produits de notre commune.

	VIN PAR MUID	EAU-DE-VIE PAR MUID	BIÈRE [1] PAR MUID	CIDRE PAR MUID	POIRÉ PAR MUID
	l. s. d.	l. s. d.	l. s. d.	l. s. d.	l. s. d.
Huitième et subvention [2].....	8 2	24	3 10	4 1	2 6
Jauge et courtage [3]..........	15	2 05	9	9	9
Annuels du détail [4]..........	8	8	4	8	8
Anciens 5 sous [5].............	7	»	7	7	7
Nouveaux 5 sous [6]...........	7	»	7	7	7
Annuels à la vente en gros [7]..	8	8	4	8	8
Inspecteurs aux boissons [8]....	10	30	5	5	2 6
Courtiers et jaugeurs [9] — 1er enlèvement	9	1 13 9	4 6	4 6	4 6
Courtiers et jaugeurs [9] — 2e —	5	15	2 6	2 6	2 6

	TARIF DE L'INSPECTION AUX BOUCHERIES					
	BOEUFS	VACHES	VEAUX	MOUTONS	GÉNISSES	CHAIR MORTE la livre
	l. s. d.	l. s. d.	l. s. d.	l. s. d.	l. s. d.	l. s. d.
Inspecteurs aux boucheries [10].........	3	3	12	4	12	2

[1] Le cidre et le poiré étaient fabriqués en très petite quantité et la bière était d'importation étrangère à la commune.
[2] Créé en 584 par Chilpéric, renouvelé en novembre 1640, converti en imposition générale en 1643.
[3] Institué définitivement par déclaration du 10 octobre 1689.
[4] Institué définitivement par déclaration de décembre 1632.
[5] Ordonnance de 1680.
[6] Lettres patentes du 18 juillet 1581.
[7] Déclaration du 30 décembre 1581.
[8] Institution définitive du 8 septembre 1755.
[9] Institution définitive du 8 septembre 1755.
[10] Créé par édit de février 1704.

[1] *Tableau de la province de Touraine* de 1762, p. 182.

En résumé, posons quelques chiffres de l'imposition totale de la paroisse de Vouvray dans les dernières années du XVIIIe siècle pour nous servir de base comparative dans le cours du XIXe. En l'an V de la République, le Conseil communal procède le 7 thermidor à la répartition de la somme de 60.422 livres d'impôt total pour la commune[1] ; en l'an VII, cette somme de contribution foncière et personnelle n'est que de 56.925^{l} 2^{s} 4^{d} et reste à peu près dans ces limites jusqu'au début du XIXe siècle.

Le détail des budgets paroissiaux nous donnera ci-après un aperçu de la situation : constatons momentanément les abus qu'un tel régime ne manquait pas de produire et les plaintes justifiées que l'arbitraire de l'assiette provoquait annuellement.

Nous n'hésitons pas à reproduire ici un court passage du mémoire de l'intendant de Touraine en 1762, qui fait en ces termes la peinture très exacte de l'état d'esprit des contribuables[2] :

« Le plus grand vice de cette forme est qu'elle pèche dans son principe parce que rien ne déterminant la proportion dans laquelle chaque particulier doit contribuer au payement de l'imposition générale, il en résulte nécessairement un arbitraire illimité dans la répartition.

. . . .

« Les hommes s'aveuglent aisément lorsqu'il s'agit de leurs intérêts; la haine, la vengeance, les protections particulières, se mettent de la partie; elles exercent leurs droits avec d'autant plus de tyrannie qu'elles sont autorisées par la loi et le plus grand malheur qui en résulte est que le pauvre est toujours la victime du plus riche.

. . . .

« On est étonné de voir toutes les entraves qui naissent d'une forme de perception qui paraît aussi simple dans son principe : on le serait encore plus si l'on connaissait les frais de toute nature qui se font dans les tribunaux des élections, et qui tous retombent sur les contribuables.

« Qu'un particulier qui paye la plus faible imposition se pourvoie pour avoir une modération, qu'il obtienne gain de cause, la sentence rendue en sa faveur ne peut lui occasionner moins de 15 livres de frais. Que sera-ce s'il faut essuyer quelque procédure? Tout se

[1] *Registre des délibérations* (mairie de Vouvray).
[2] *Tableau de la province de Touraine* de 1762, p. 275.

vend, tout est cher..... Tels sont les principaux abus et les formalités qui ruinent les contribuables, désolent les paroisses, y nourrissent la haine et la vengeance, sont autant d'obstacles à la perception des impôts dus au souverain et font gémir l'humanité. »

C'est dans ces conditions que la commune de Vouvray se présente au début du XIXe siècle ; l'administration de ses finances nous fournit ses registres, nous en exposerons les détails pour quelques années seulement destinées à nous conduire à l'état actuel[1].

	RECETTES	DÉPENSES	DIFFÉRENCE
	fr. c.	fr. c.	fr. c.
Budget de l'an VIII	1.498 15	1.523 14	— 24 99
— — IX	1.274 53	1.927 50	— 652 75
— — 1820	3.943 71	4.415 20	— 471 49
— — 1825	3.148 74	2.992 71	+ 156 03
— — 1850	15.198 72	15.391 45	— 192 73
— — 1867	13.808 11	13.808 11	»
— — 1880	19.777 65	19.777 65	»
— — 1900	10.884 80	15.905 83	— 5.021 03

La progression constante de l'importance du budget frappe au premier abord, mais aussi les déficits s'accentuent. En l'an VIII, il n'a aucune importance et un simple virement d'un budget à l'autre solde une différence de 25 francs. Mais en l'an IX, la demande de couverture adressée au préfet ne reçoit pas bon accueil et les centimes additionnels sont chargés de régler la situation. En 1820, il en est de même, et nous arrivons au budget de 1825 dont nous donnons ci-dessous le détail[2].

BUDGET DE 1825

RECETTES MUNICIPALES

Centimes additionnels pour la contribution foncière.	935f 28
— — — mobilière.	103 05
Produit des patentes	62 91
Biens ruraux, communaux, prix de ferme	44 50
Droit de location des places au marché	216 »
Produit du droit d'expédition des actes administratifs.	3 »
Imposition extraordinaire pour réparation de la tour de l'église (autorisée en trois années)	1.760 »
Intérêts des fonds placés à la caisse de service	24 »
TOTAL DES RECETTES	3.148f 74

[1] *Registre des délibérations du conseil municipal* (mairie de Vouvray).
[2] *Budgets des communes d'Indre-et-Loire.*

DÉPENSES MUNICIPALES

Abonnement au *Bulletin des lois*	6f	»
Registre de l'état civil	45	90
Gages du piéton chargé du service de la correspondance administrative	55	60
Frais d'impression à la charge des communes	3	»
Gages du concierge de la maison de dépôt du canton.	12	»
Frais de timbre du compte du receveur municipal pour 1827	4	»
Au receveur municipal pour remises sur les revenus autres que les centimes additionnels	14	42
Contribution foncière des biens communaux	8	40
Bois, lumière, encre, papier, plumes, frais de bureau et employé aux écritures et frais de mairie	79	56
Traitement de M. le vicaire	234	»
Au sieur Faure de Vouvray pour loyer de ses appartements occupés par deux frères de l'ordre de Saint-Joseph, instituteurs	100	»
Salaire des deux gardes champêtres	400	»
Timbre du livre journal du receveur municipal en 1827.	11	»
Fêtes publiques	30	»
Abonnement au *Journal d'Indre-et-Loire*	26	»
Frais d'entretien de l'horloge	40	»
Cantonnier du chemin de Vouvray à Vernou et autres de la commune	50	»
Pour travaux du clocher d'après réception définitive arrêtée par M. Pallu	1.760	»
Pour solde des travaux faits à ladite tour de l'église en sus de ceux portés au devis estimé par M. le commissaire pour être payé en 1827	112	93
TOTAL DES DÉPENSES	2.992f	71
TOTAL DES RECETTES	3.148f	74
EXCÈS DES RECETTES	156f	93

Le budget qui précède, d'après les propositions du Conseil, se soldait, au projet de budget, par un excès des dépenses de 410 francs et demandait à l'autorité préfectorale une imposition supplémentaire pour couvrir cette différence.

L'Administration n'accepta pas cette demande et renvoya le budget en supprimant diverses dépenses, mettant ainsi le solde en boni de 156 fr. 93.

Jusqu'au milieu du XIXe siècle, les budgets se maintiennent dans leurs limites approximativement, et l'Administration se fait sans charges extraordinaires pour la commune. Mais en 1849, par délibération du 4 janvier, le Conseil, pour faire face à ses besoins de voirie, et à la construction de l'asile-école, décide de faire un emprunt de 9.000 francs par l'émission, entre particuliers, de 90 actions de 100 francs remboursables, à raison de dix par an, en neuf années [1].

Les *Registres des délibérations* montrent, dans la suite, l'exécution régulière des engagements pris et le tirage au sort des dix actions remboursables. Mais, d'autre part, les budgets suivants se ressentent de cette charge, et dès 1851, on constate, en fin d'année, un nouveau déficit de 3.241 francs.

Cette fois, les plus imposés de la commune sont réunis et acceptent les 5 centimes additionnels proposés pour couvrir l'insuffisance des recettes.

Jusqu'en 1894 les budgets municipaux se maintiennent dans une situation normale qui équilibre les recettes et les dépenses, mais en 1895 la construction d'un pont sur la Cisse, pour le passage de la route nationale et d'un perré attenant à la levée, s'impose et entraîne l'obligation de contracter un emprunt au Crédit foncier de France.

En 1897 la nécessité de déclasser le chemin n° 1 qui traverse le

bourg dangereusement resserré entre les maisons et le rocher, et de le remplacer par une percée nouvelle et directe, qui est devenue la route n° 47, de la gare du tramway à la Bonne-Dame, sur une longueur de 800 mètres, a créé de nouvelles obligations dont le Crédit foncier fournit encore la solution.

Il en résulte donc pour la commune, au commencement du XXe siècle, la situation suivante comme dette et comme impositions nouvelles.

	Montant de l'emprunt	Imposition d'amortissement et d'intérêts
Emprunt du 8 juillet 1895.....	12.500 fr.	0 fr. 04
— 24 avril 1897.....	7.500	0 0225

Nous terminerons cet exposé de la situation financière de la commune en rapprochant de ces chiffres ceux qui établissent les charges imposées par les contributions directes et nous constaterons, non sans un amer regret, mélangé d'inquiétude, la montée irrésistible du flot qui menace le contribuable.

TABLEAU DES CONTRIBUTIONS DE 1858 A 1900

ANNÉES	REVENUS DE LA CONTRIBUTION FONCIÈRE			CONTRIBUTION FONCIÈRE			
				Centime le franc en principal		Centime le franc en principal centimes additionnels Réimposition	
	Propriété non bâtie	Propriété bâtie	Total	Propriété non bâtie	Propriété bâtie	Propriété non bâtie	Propriété bâtie
1858	»	»	107.825f »	0f 1734	0f 1734	0f 330621	0f 330621
1880	»	»	108.893 35	0 17361	0 17361	0 370978	0 370978
1890	91.632f 41	18.655f 84	110.288 25	0 17360	0 17367	0 391798	0 391915
1900	91.040 85	124.396 15	216.037 »	0 153872	0 0320	0 3495385	0 064611

ANNÉES	Cotes personnelles et mobilières	Montant de la cote personnelle	Loyers d'habitation	Centime le franc en principal	Centime le franc en principal centimes additionnels réimposition	Total de la contribution foncière	Total de la contribution personnelle et mobilière	Total de la contribution des portes et fenêtres	Frais d'avertissement	Total général
1858	693f »	1f 95	8.658f »	0f 1895	0f 366292	35.649f 18	6.254f 31	3.327f 13	67f 10	45.297f 72
1880	691 »	1 95	8.288 »	0 23643	0 777828	40.397 11	7.913 04	4.260 70	72 30	52.643 15
1890	573 »	1 95	8.047 »	0 35014	1 10179	43.213 48	10.293 55	4.899 25	72 60	58.478 88
1900	694 »	1 95	8.191 »	0 383	1 125075	40.063 54	19.701 39	4.859 47	74 85	55.699 25

Associations agric . — Le grand souffle syndical et du mutualisme qui passa sur le y a quelques années, naissant des besoins et des intérêts mod se développa à Vouvray que vers la fin

[1] *Registre des d* airie de Vouvray)

du siècle dernier. Pour cette raison nous n'en parlerons en détail que dans le chapitre spécial de la deuxième partie de cet ouvrage.

Il ne nous restera donc ainsi que fort peu de choses à dire des groupements qui étaient en germe, mais qui n'avaient pas encore d'existence effective. Les propriétaires disposaient des éléments suffisants pour diriger leurs exploitations; les vignerons n'étaient pas aux prises avec la fièvre moderne; la routine étendait l'ombre de ses ailes sur les uns et sur les autres, aucun ne cherchait un secours dans l'association dont il n'avait pas encore besoin. Il n'existait donc aucune société à Vouvray dans les siècles antérieurs, ni dans les derniers. Seule la Société royale d'Agriculture de la généralité de Tours, fondée en 1761 et transformée en 1791 en Société d'Agriculture, Sciences, Arts et Belles-Lettres du département d'Indre-et-Loire, répandait les lumières de ses conseils et de ses études, recommandait les innovations de la science agricole et les prodiguait, en particulier, aux producteurs des vins fameux de Vouvray.

Le premier comice agricole se tint à Vouvray le 28 août 1859 et le *Registre des délibérations* de la commune nous apprend que le Conseil vota à cette occasion une somme de 1.000 francs pour l'organisation des concours et des fêtes. Il fut tenu périodiquement d'autres réunions du même genre, notamment en 1875, de plus en plus importantes à mesure que s'approche la fin du XIXe siècle; les comices qui étaient alors organisés par les soins de la Société d'Agriculture, par un roulement régulier dans toutes les communes du département, furent les preuves éclatantes et pratiques du rôle bienfaisant que tint cette Société dans le département.

CHAPITRE IV

HISTOIRE SOCIALE

Conditions de l'habitation, du vêtement et de la nourriture. — Les traces des constructions anciennes de Vouvray sont nulles ; aucune, sauf quelques propriétés importantes ou châteaux, n'a survécu. Cependant il est certain, en face des excavations, grottes et caves, dont le coteau est fouillé, qu'on se trouve en présence des plus anciennes habitations qui soient connues. Partout dans la faible largeur que la commune offre en bordure sur le fleuve et sur la Cisse, les caves sont nombreuses, servant à la conservation du vin, à sa fabrication, ou à des logements même encore de nos jours. Au long des vallons qui se creusent en pente sur la Loire, on trouve de ces cavernes piochées dans le tuf tendre avec une extrême facilité. Rien n'est plus pittoresque que cette côte que la vie pénètre et perfore, qu'elle anime de sa population ; les vieux ceps tordus grimpent sur le rocher, entourent les portes et les fenêtres et, le soir, au-dessus et au bord de la côte, les cheminées, émergeant du talus, lancent leurs minces panaches de fumée bleue sous le soleil couchant (*Voir la gravure ci-après*).

A côté, enchevêtrées dans un désordre plaisant, et souvent même avec une hardiesse inouïe, les maisons construites depuis deux cents ans offrent leurs façades blanches, et leurs toits d'ardoises, soit sur le bord des rochers, devant un panorama inoubliable, soit au-dessous même de blocs qui semblent suspendus par un fil et prêts à choir sur elles depuis des siècles.

Sur le plateau, les constructions, fermes et closeries, sont plus banales, toutes rajeunies par des reconstructions ou par des améliorations modernes. Çà et là, sur le bord ou sur la partie haute, les grosses propriétés, que nous avons déjà citées pour leur réputation ou leur histoire, se dispersent dans les champs et surtout dans les vignes.

Si nous pénétrons dans ces demeures campagnardes en nous reportant au temps où vivaient nos grands-pères, à l'époque des vendanges et à l'heure du repas du soir, à la tombée de la nuit, la ménagère, aidée de la fille aînée, rentrées toutes deux de bonne heure préparent le repas. La *javelle* flambe joyeusement dans l'âtre spacieux au travers des *landiers* de fer forgé et devant la plaque de fonte où la flamme lèche les armoiries de l'ancien seigneur et maître.

L'ancêtre, vieilli et songeur des besognes passées, gît souvent dans un angle où son siège accoutumé demeure.

Au-dessus, le fusil barre le trumeau de la cheminée, la lampe à huile ou *l'oribue* de résine pend avec sa mèche fumeuse, et, sur la tablette, s'étalent les grosses vaisselles de *caillou de Tours*.

Le lit du ménage est dans un angle, son bois sombre se détache sur l'ocre clair du rocher et s'ensevelit sous la serge verte des rideaux qui pendent du plafond. En face s'étend la *maie* qui, son grand couvercle étant soulevé, sert de pétrin pour confectionner le pain qu'on cuit tous les mois dans le four, dont la gueule s'ouvre au fond de la cheminée.

Au milieu, la table massive s'élève entre les bancs de bois et porte la vaisselle de caillou qui a succédé aux écuelles de bois.

Au milieu, dans une vaste soupière, la soupe fume mêlée au bœuf bouilli et aux légumes ; et c'est alors qu'on entend dans la cour le bruit des chevaux qui roulent la vendange, et des bandes de jeunes gars et de filles qui chantent en rentrant.

Le maître apparaît bientôt sur le seuil portant la cruche de *boisson de marc* ou de vin clair, pour la poser sur la table, après avoir rempli tous les gobelets de faïence brune qui serviront pour boire.

Il porte la courte veste de drap avec revers et larges boutons qui firent autrefois les *beaux dimanches;* sa culotte à pont, boutonnée sur le côté droit, est entrée dans des guêtres de toile bleue montant à mi-jambes et recouvrant grossièrement de lourds sabots de bois blanc. Il est coiffé d'un chapeau de feutre noir, rond et mou, à bords assez larges, et son visage s'encadre d'une chemise de grosse toile bise ; les pointes du col s'écartent sous l'effort d'un mouchoir roulé en cravate auprès de favoris généralement coupés à mi-longueur des joues.

Le repas se fait ainsi, joyeux et rapide. La vieille horloge de cuivre avec son radieux soleil, rappelant le siècle du grand roi, avec son long balancier battant lentement dans son buffet, derrière une vitre, sonne huit heures; les hommes se lèvent et vont dans la cave

HABITATIONS TROGLODYTES DU COTEAU DE L'ÉCHENEAU.

à côté, où se dresse le pressoir tout de bois, avec sa lourde *maie* où coule le jus de la vigne, sous les efforts de la grande roue horizontale et du câble du tourniquet mis en rotation par quatre hommes courbés sur les *aiguilles*[1].

La journée ne s'achève que quand le raisin est encuvé, s'il s'agit de vin rouge, ou quand le marc est asséché et le moût enfûté, s'il s'agit de vin blanc.

Dans les fermes du plateau les habitudes et les costumes de la vie familiale étaient les mêmes ; au temps de la moisson les faucheurs et les moissonneurs rentraient la récolte. On battait les céréales au *fleau* dans les granges, avant que les machines à battre ne fussent entrées dans les usages courants, et que les entrepreneurs de battages n'eussent établi leur industrie.

Les Vouvrillonnes, dont le type est affiné et la gentillesse réputée, ont eu, de tous temps, la fierté de leur toilette. Elles avaient, aux jours de fêtes et dimanches, jusqu'au milieu du XIVe siècle, des jupons de « petits draps, droguets, serges et petites étamines » des tabliers de soies éclatantes et de petits châles croisés sur la poitrine. Elles portaient le coquet petit bonnet si connu, au fond de tulle brodé, le réseau de fins petits tuyaux encadrant la chevelure divisée en bandeaux plats sur le front. Ce bonnet, qui était jadis une gloire pour les femmes du pays, a reçu un coup irréparable de nos jours, par l'envahissement de la mode des villes.

Dans la classe plus aisée des riches *faisant-valoir*, le mobilier s'agrémentait, dans la chambre à coucher, d'une commode Louis XV venue d'héritage, ou, un peu plus tard, d'un mobilier aux cuivres simples mais coulés dans le style du premier Empire. La nourriture plus délicate était moins exclusivement composée de légumes et le café commençait à faire son apparition sur les tables. Les vêtements étaient plus fins, mais, pour les hommes, n'excluaient pas, en dessus de la veste de beau drap, la blouse bleue à deux pattes imprimées de blanc et aux agrafes d'argent.

Tous les besoins du mobilier et du vêtement n'étaient point assurés par les ressources du pays ; sauf les temps plus anciens la

[1] Nous devons signaler l'amélioration très sensible de la vis en bois des anciens pressoirs, par le système nouveau de fabrication, découvert en 1843 par le nommé Chevallier, père, charpentier à Vouvray. Les vis mal fabriquées offraient un travail pénible et irrégulier; grâce au nouveau moyen de perforation du bois la roue tourna avec aisance et facilita le travail des ouvriers employés à la vinification. [*Annales de la Société d'Agriculture, Sciences, Arts et Belles-Lettres du département d'Indre-et-Loire* (Séance du 8 avril 1843).]

laine et le lin n'étaient point transformés sur place et le commerce de Tours fournissait généralement les matières premières.

Nous saisissons avec empressement les renseignements qui nous sont fournis, par les archives de la mairie de Vouvray, sur le prix des façons pour les vêtements confectionnés dans le pays à la fin du XVIIIe siècle, pour les reproduire ci-dessous [1]:

FAÇON DES DIFFÉRENTS HABILLEMENTS

Habit	4l 10s
Veste	2l 5s
Habit veste	3l 15s
Redingote	6l
Habit doublé	4l 10s
— sans doublure	1l 16s
Culotte grande ou petite	1l 2s 6d
— à pont et soupières	1l 10s
— sans pont	1l 2s 6d
Gilet à manches	1l 2s 6d
Guêtres	1l 10s
Couturières, la journée	12s
Bonnet brodé avec fournitures	de 3 à 8 livres
Robe	6l 10s
Châle de corsage, prix total	4l

D'autre part le voisinage de la Loire avait fait des pêcheurs de tous les riverains et même des gens des plateaux, ils en tiraient une partie de leur nourriture et un petit commerce au temps où, encore très poissonneux, le fleuve offrait en abondance, selon la saison, l'alose, le saumon, le brochet, l'anguille, la lamproie, la plie, la perche et la truite.

Enfin, pour nous rendre un peu compte de la consommation du blé dans la paroisse, consultons un registre des délibération du Conseil municipal et voyons ce qu'il nous dit pour l'an X de la République: « La population étant environ, et en chiffre rond, de 2.400 individus, on en compte 1.000 d'un à dix-huit ans, et 1.400 de dix-huit ans et au-dessus.

« Les 1.000 habitants de la première série consomment en moyenne annuellement 3/4 de boisseau par semaine, le boisseau porté à 15 livres pesant, déduction

[1] *Registre des délibérations*, du 27 octobre 1793 (mairie de Vouvray).

faite du son, ce qui donne 3 septiers par individu et 3.000 septiers pour les 1.000 individus, cy...........	3.000sept
« Les 1.400 individus de dix-huit ans et au-dessus consomment annuellement leur boisseau par semaine, ce qui fait 4 septiers 4 boisseaux par individu et pour les 1.400 individus..................................	6.066
« L'on compte à l'époque des vendanges un excédent de consommation de..................................	100
Total de la consommation année commune...	9.166sept
« L'on compte 1.360 arpens de terre dans la commune dont chaque saison est de la quantité de 453 arpens produisant l'un dans l'autre, année commune, 4 septiers, déduction faite des semences, ce qui fait pour les 443 arpens ensemencés..........................	1.812
« Il y a par conséquent, année commune, un déficit de.	7.354sept

Comme on le voit, en cette année de l'an X, la commune de Vouvray ne produisait pas, à beaucoup près, la quantité de blé necessaire à sa consommation, et était, par conséquent, tributaire de l'extérieur. Cet état de choses s'explique assez aisément, puisque nous sommes en présence d'une circonscription essentiellement viticole.

Écoles. — L'instruction, restée fort longtemps à l'état tout à fait rudimentaire, ne commence à se développer dans notre commune qu'à la fin du XVIIIe siècle par la création d'une école primaire; avant cette époque il n'existait çà et là, au cours des temps, que quelques tentatives d'enseignement privé dont on ne trouve pas de traces suffisantes.

Une délibération du Conseil municipal du 10 prairial an IV nous apprend qu'on institue une école à Vouvray, et qu'on fait des recherches pour trouver un local convenable pour loger un instituteur et une institutrice [1].

Nous sommes sans détails sur le fonctionnement et l'importance de cette école, mais nous savons, par un document de 1822, que les écoles fondées en Indre-et-Loire sont peu fréquentées. Pour une population totale de 282.372 habitants, on compte 108 écoles fréquentées par 4.330 élèves, ce qui donne une proportion de 1 sur 65 garçons. Si on y joint le chiffre des filles on arrive seulement à 1 élève sur 43 [2].

[1] *Registre des délibérations* (mairie de Vouvray).
[2] *Essai de statistique* de Duvau (Bibliothèque de Tours).

La marche fut lente mais progressive, les enfants que leur intelligence et leur situation destinaient aux études sérieuses venant à Tours ou à Paris.

Vers 1850, un mouvement favorable commence à se dessiner dans la fréquentation des écoles ; le 25 décembre de cette année le Conseil, d'accord avec le curé de Vouvray, fixe le nombre des garçons et des filles qui seront admis à l'école gratuitement, nous donnons ci-dessous un aperçu de la progression[1] :

Année		
1850	Garçons	16 de 5 à 12 ans 1/2
	Filles	16 de 6 à 13 —
		dont une de 4 — 1/2
1853	Garçons	17 de 5 à 12 —
	Filles	22 de 6 à 12 —
1854	Garçons	16 de 5 à 12 —
	Filles	22 de 6 à 12 —
1855	Garçons	16 de 5 à 12 —
	Filles	19 de 6 à 12 —
1867	Garçons	30 de 5 à 12 —
	Filles	23 de 6 à 12 —

Enfin, la proportion se maintenant dans ces conditions, nous devons constater deux améliorations humanitaires. Le 11 novembre 1881, le Conseil vote une somme de 290 francs pour la création d'une caisse scolaire municipale destinée à « donner gratuitement les fournitures de classes aux enfants pauvres, des instruments d'études aux plus nécessiteux, et des récompenses aux bons élèves[2] ».

Le ministère de l'Instruction publique, accueillant favorablement cette disposition, accorda une subvention d'une somme égale dans le même but.

Trois ans plus tard le 7 février 1884, le Conseil créait, par délibération, une école enfantine destinée à recevoir les enfants du premier âge, et affectait à cette œuvre une somme de 408 fr. 55[3].

L'enseignement par des frères congréganistes n'a laissé qu'une faible trace que nous retrouvons dans le budget municipal de 1825, par la mention du loyer qui était payé pour deux frères instituteurs de l'ordre de Saint-Joseph. Nous croyons que leur institution n'eut qu'une courte durée. Il en est de même de l'école tenue par les religieuses destinée à être fermée prochainement.

[1] *Registre des délibérations du Conseil municipal* (mairie de Vouvray).

[2] *Registre des délibérations du Conseil municipal*, du 11 novembre 1881 (mairie de Vouvray).

[3] *Registre des délibérations du Conseil municipal*, du 7 février 1884.

Mœurs, coutumes, langage, religion. — Il y aurait, s'il nous était possible de nous étendre, une étude intéressante à fouiller sur la nature caractérisée des habitants de Vouvray.

Il nous faudra nous tenir dans les grandes lignes de ce tableau moral, gardons-en les limites, et disons de suite que la population agricole fut de tous temps, divisée en deux classes très distinctes : 1° l'agriculteur des plateaux exploitant les grands et moyens domaines ; 2° le vigneron.

Dans cette dernière catégorie se rangent tous ceux qui, devenus par leur labeur, possesseurs d'un petit bien, ne trouvent pas chez eux assez de travail pour eux et leur famille, et deviennent des journaliers ou des tâcherons pour le compte d'autrui.

Les premiers sont logés sur la propriété, et séjournent plus spécialement sur les plateaux, au centre de leur besogne. Ces hommes sont plus grands de taille, d'apparence plus fruste, plus lourde ; ils sont plus enclins à la défiance que ceux des vallées ; ils font preuve d'une activité laborieuse sans excès, sans hâte, qui donne l'impression de la réflexion.

Les vignerons s'abritent plus spécialement sur les bords de la côte et dans les vallées, témoins les groupements des vallées Coquette, de Nouis et Chartier ; ils offrent les qualités d'une population plus vivante, âpre au gain juste récompense de ses efforts. Son caractère est doux, d'une gaieté facile au sarcasme et aux plaisanteries ; il aime les antiques « beuveries » qui consistent à déguster les bonnes bouteilles, sans excès, mais avec la joie et l'entrain qui caractérisent un pays produisant d'excellents vins et justifiant la devise qu'il met dans ses armoiries fantaisistes « Je resjouis les cuers ».

Dans le cours du XIXe siècle l'aisance était presque générale, la culture s'améliorait, les denrées se vendaient bien, et bon nombre de familles s'enrichirent, de 1850 à 1870, sous le régime de l'Empire, qui était devenu populaire.

Au point de vue des coutumes, la féodalité nous a légué un lourd passé de légendes dues à la fantaisie despotique des seigneurs envers leurs vassaux ; elles étaient variées dans le genre de celles qui consistaient, en de certains cas, pour le vassal à aller baiser la serrure seigneuriale du manoir, à chanter une chanson, ou bien à recevoir un soufflet.

La religion, qui fut toujours uniquement catholique à Vouvray, mêla son fanatisme aux droits anciens et aida à former les particularités coutumières dont l'usage, pour quelques-unes, persiste encore de nos jours.

Au point de vue religieux, la paroisse de Vouvray dépendait du diocèse de Tours, de l'archidiaconé d'outre-Loire et du doyenné de Vernou. L'église de Vouvray, sous le vocable de Notre-Dame, avait sous son influence, dans la paroisse, un certain nombre de chapelles dont les principales sont celles de la Gaudrelle, du Petit-Vaumorin, de la Morandière, de la Caillière, de la Bellangerie, de la Fosse-Pellier, des Pâtis et du Souchay.

L'église actuelle se compose de deux parties très distinctes : l'une, ancienne, qui comporte des reconstructions du XIIe au XVe siècle, s'enfouit au flanc du rocher, où se montrent quelques voûtes à plein-cintre très bien restaurées.

L'autre partie, entièrement réparée en 1861, présente un chœur gothique flamboyant, qui n'est pas sans intérêt : à l'intérieur la vieille tour carrée, mal coiffée d'un campanile banal, n'arrête pas l'attention.

La fête de Saint-Jean du 24 juin a toujours été une date marquante dans l'année. Les domestiques qui désiraient se louer venaient sur la place de l'église, les garçons d'un côté, les filles de l'autre; les premiers avaient un fouet à la main, les femmes portaient leurs vêtements sous le bras, pour montrer qu'elles étaient prêtes à suivre leur nouveau maître.

Le soir, aux carrefours des chemins principaux, le voisinage apportait des fagots de bois, les jeunes gens y mettaient le feu, tiraient dans la flamme des coups de fusil, et dansaient en ronde autour du brasier. On célébrait ainsi la *jouannée* avec un respect qui ne s'éteint pas.

Bien que le pays n'eût jamais été arriéré comme la *Brenne* ou la *Sologne*, les pratiques de sorcellerie avaient, aux temps anciens, leur libre cours. Des exploiteurs de crédulité publique se faisaient passer pour posséder le pouvoir surnaturel de guérir certaines maladies, de conjurer l'influence mauvaise des sorts, ou de faire le mal selon leur volonté. La poule qui *chante le coq*, c'est-à dire qui chante comme un coq, était considérée comme de mauvais augure pour le chef de la maison et égorgée sur-le-champ.

Les sorciers avaient beau jeu par diverses pratiques dont la terreur était le principal moyen ; les phases de la lune jouaient un grand rôle dans leurs manœuvres et les vignerons eux-mêmes les observaient en toutes choses, surtout pour la mise en bouteilles des vins blancs à la fin de mars.

Le seul jeu populaire était le jeu de boules tel qu'on le pratiquait dans tout le val de la Loire, en Anjou et en Touraine. Il avait autrefois un développement considérable qu'il a conservé d'ailleurs encore aujourd'hui.

Le souffle de la Révolution passa en tempête sur la commune de Vouvray sans y laisser de profondes traces, la réaction que produisirent l'Empire et la royauté au cours du XIXe siècle fut accueillie avec un égal enthousiasme; cependant les germes de libéralisme qu'y jeta la période républicaine ont trouvé un développement facile dans les manifestations futures, et ont abouti au mouvement moderne.

En l'an IV de la République les décisions prises par le Conseil municipal, qui avait rejeté de son sein le curé, les nobles et les bourgeois de marque, nous apprennent que des fêtes vont avoir lieu. On organise la *fête de la Jeunesse*, on institue la *fête des Victoires*, en souvenir sans doute des succès de Hoche et de Pichegru; on se réunit au Champ-de-Mars, devant l'autel de la Patrie, on chante des hymnes patriotiques, on se « rend au temple de ci-devant la Raison », le président monte à la tribune, prononce un discours « analogue à la circonstance » et la cérémonie se termine par la *Marseillaise*[1].

Nous terminerons ces notes sommaires par l'énumération d'une série de mots, de barbarisme et de locutions courantes dans le langage usuel des siècles derniers, et même encore actuellement. Si, en général, de tous temps, les Tourangeaux ont été considérés comme l'une des populations parlant notre langue sans accent spécial et sans trop de déformation locale, il faut reconnaître que le langage était loin d'y être pur, surtout avant que l'instruction moderne ait éclairé bien des esprits.

Accoutrer...........	signifiant :	Arranger (du latin barbare *culcitra?*)
Agarder............	—	Regarder.
Annuit.............	—	Aujourd'hui (du latin *hac nocte*[2]?).
Bessons.............	—	Jumeaux.
Bornais.............	—	Terre argileuse.
Boitoux.............	—	Boiteux (Montaigne dit *boitouser*).
Buée (*la*)............	—	La lessive.

[1] *Registre des délibérations*, du 10 prairial an IV (mairie de Vouvray).

[2] César observe que les Gaulois comptaient par nuits et non par jours.

Brenée.............	signifiant :	Bouillie pour les porcs (du breton *bren*).
Couette.............	—	Lit de plume.
Drôlière.............	—	Jeune fille.
Drôle.............	—	Jeune garçon.
Echaler.............	—	Enlever la gaine des noix, des amandes.
Egayer.............	—	Tremper dans l'eau (*ex aqua*).
Essarter.............	—	Défricher[1] (celt. *eyssart?*).
Crouler.............	—	Secouer des arbres.
Métiver.............	—	Moissonner.
Mèle.............	—	Nèfle.
Noce.............	—	Petite langue de pain.
Piron.............	—	Une oie.
Plomb.............	—	Osier.
Prot.............	—	Dindon.
Nous voilà arrivant..	—	Nous arrivons.
Souer.............	—	Soir.
A c't'heure..........	—	A cette heure.

Épargne. — La véritable et plus ancienne caisse d'épargne de Vouvray était, comme dans bien des pays, le bas de laine enfoncé sous le linge de l'armoire, ou la cruche de grès cachée dans la cave ou le grenier. Nul doute que le paysan vouvrillon n'ait eu le goût de l'épargne, mais l'économie n'était réelle dans ces familles laborieuses que pour celle qui avaient, au début de l'association, un commencement de patrimoine. L'augmentation de la fortune n'était donc guère possible qu'à partir d'une certaine classe.

Devant une série de réclamations de la part de la population, le Conseil émit un vœu le 13 août 1861 pour la création, à Vouvray, d'une succursale de la Caisse d'épargne de Tours, afin de faciliter le dépôt pour les ruraux éloignés[2]. Le ministère des Finances ne répondit pas favorablement à cette demande et fit attendre l'autorisation jusqu'au 13 avril 1876. Le percepteur de Vouvray fut chargé de la mission de recevoir les dépôts et de faire des versements avec rétribution de la Caisse d'épargne de Tours. Le service prit son cours le premier juin suivant : il fonctionna jusqu'au 1er janvier 1902, époque à laquelle une décision ministérielle le supprima en interdisant au percepteur de s'en occuper.

1 Une commune d'Indre-et-Loire porte le nom de *Les Essarts;* elle est située dans le canton de Langeais. De nombreux lieux portent ce nom et sont situés dans des endroits arides et jadis défrichés.

2 *Registres des délibérations* (mairie de Vouvray).

Alcoolisme. — Il ne serait pas exact de dire que, dans un pays vignoble comme Vouvray, les bouteilles des grandes années, et même des petites, ne se débouchent pas avec une certaine facilité dans la masse de la population. Mais, de là à rencontrer des traces spéciales d'alcoolisme, il y a loin, et nous pouvons, en toute sincérité, affirmer que la race vouvrillonne est saine et robuste de longue date, que les excès de boisson y furent rares et que l'avenir des générations futures semble assuré.

La consommation de l'alcool n'y a jamais été excessive, elle n'est même pas normale si on s'en rapporte à ce que relatent les statistiques. Mais que signifie cela ? ne sait-on pas qu'en France, et à Vouvray comme ailleurs, on distillait partout, et que les bouilleurs de cru furent, de tous temps, les éternels ennemis du fisc et, à son insu, ceux du propriétaire. Les blouses cachaient avec une extrême aisance les flacons d'un alcool insuffisamment rectifié, contenant encore en suspension des essences lourdes, mauvaises et dangereuses, qui passaient ainsi dans la consommation clandestine.

Le bouilleur de cru ambulant est un danger social, l'État a le droit et le devoir de le faire rentrer dans la légalité.

Indigents. — Fondations. — Hospices. — Bureaux de bienfaisance. — La fondation hospitalière la plus ancienne qui nous soit connue à Vouvray est signalée d'une façon très incomplète, et sans aucun détail, au XIIIe siècle par un document beaucoup plus récent[1]. Une maladrerie établie par saint Louis, comme presque toutes celles qui s'élevèrent en France au temps des croisades, existait près du bourg de Vouvray. Aucune trace ne subsiste ni sur l'emplacement, ni sur son importance, on sait seulement qu'elle exista, dura jusqu'au XVIIIe siècle, époque à laquelle, par lettres patentes du 11 juillet 1698, elle fut réunie à l'Hôtel-Dieu de Tours.

Il nous faut arriver jusqu'en 1788, pour trouver la création du *Bureau de charité* par le Conseil municipal [2], institution qui fut l'origine du bureau de bienfaisance.

L'aisance étant générale depuis déjà quelque temps, la charité municipale n'avait à pourvoir qu'aux besoins immédiats de quelques indigents; c'est ainsi que nous voyons les budgets municipaux prévoir annuellement une somme variant de 500 à 800 francs, attribuer 50 francs aux prévisions d'inhumation d'indigents, réserver 100 francs

[1] *Tableau de la province de Touraine* (Bibliothèque de Tours).
[2] *Registre des délibréations*, du 18 décembre 1788 (mairie de Vouvray).

pour les bons de pain à distribuer aux voyageurs de passage, et 15 francs pour le loyer de la chambre publique pour leur couchage.

Les secours à allouer aux militaires invalides, rentrés au pays après les guerres, préoccupent également l'assemblée communale, et, le 7 prairial an V, une décision prévoit des pensions dans trois cas désignés selon la gravité de l'invalidité, et s'élevant à 347^{l} 10^{s}, à 194^{l} 9^{s} et 120 livres par an [1].

La situation de la commune de Vouvray sur une côte élevée, aspectée au midi et balayée par les forts courants d'air de la vallée de la Loire, lui a toujours assuré un état sanitaire parfait ; les traces d'épidémies n'y sont pas fréquentes et nous rappelons, simplement pour mémoire, car les détails font défaut, l'épidémie désignée dans un texte sous le nom, erroné sans doute, de *febris pourpuris*, qui se déclara le 1er septembre 1661 et dura, dit-on, jusqu'au 25 mars 1662 [2].

L'auteur de cette constatation, par suite d'une faute de transcription, bien explicable à cette époque, a confondu sans doute avec *febris purpurea* sorte de fièvre pourpre ou rougeole, ou bien encore avec le *purpura*, rougeole qui présente des ecchymoses.

Le service de l'assistance médicale gratuite fut assez long à s'organiser dans la commune de Vouvray. Ce n'est que dans l'arrêté du 21 mars 1859 que nous en trouvons l'institution : il était naturellement gratuit, spécial aux indigents, et son fonctionnement définitif date du 3 janvier 1860 [3].

La seule fondation charitable qu'il nous soit possible d'enregistrer remonte seulement à 1865. Une somme de 1.100 francs est donnée au bureau de bienfaisance par Mlle Desmarchais pour le soulagement des pauvres ; la même délibération nous fait savoir que, cette année-là, le nombre des gens inscrits pour des secours s'élève à 81.

Société de secours mutuels. — Les associations de mutualité et de prévoyance sont des créations toutes récentes et appartiennent entièrement à l'époque moderne dont elles sont une émanation absolue et l'œuvre spéciale. Nous ne leur donnerons donc notre attention que dans notre deuxième partie, et nous puiserons en elles un élément de plus pour montrer au lecteur, de façon saisissante, la transformation de la commune de Vouvray sous l'effort du progrès, de la lumière et de la mutualité.

1 *Registre des délibérations*, du 7 prairial an V (mairie de Vouvray).

2 Nous devons ce renseignement à M. Bardet, le distingué directeur actuel de l'école de Vouvray.

3 *Registre des délibérations*, du 3 janvier 1860 (mairie de Vouvray)

DEUXIÈME PARTIE

Situation actuelle de la Commune

CHAPITRE PREMIER

DESCRIPTION PHYSIQUE

Le sol et les eaux. — Orographie. — Géologie. — Hydrographie. — Si, en partant de Tours, nous prenons le tramway qui relie Vouvray au chef-lieu du département, nous voyons la ligne suivre

VOUVRAY.

la levée et la route nationale n° 152 conduisant à Blois sur la rive droite de la Loire.

Le fleuve descend sur la droite, majestueux et calme, dans une marche inverse à la nôtre; les basses eaux laissent en été de longues grèves qui coupent leur blonde limpidité, et les masses verdoyantes des arbres ondulent sur les rives dans un panorama vaste et rempli de beauté.

Sur la gauche, les rochers tuffeux sont à deux pas, noyés dans la verdure, tantôt fiers et escarpés, tantôt escaladés en pentes rapides par les terrasses des villas et des châteaux bordant la côte sur une longueur de 8 kilomètres. En entrant sur le territoire de la commune, aux Pâtis, on rencontre le confluent de la Cisse [1], les prairies plantées de peupliers et d'oseraies ; peu après, une agglomération de maisons aux murs blancs et aux toits ardoisés nous apparaît, elle se blottit au long de la côte, et dans l'échancrure conduisant à la Bonne-Dame : c'est Vouvray.

La tour carrée de l'église, avec le dôme et le campanile qui la surmontent, se dresse à mi-côte; et si, après avoir quitté le tramway, nous passons devant l'église pour gravir, à quelques mètres plus loin, les degrés rapides du coteau, nous arrivons à la cote 100 au-dessus du niveau de la mer pour admirer, vers le sud, le merveilleux val de la Loire et du Cher, en considérant à nos pieds les terres des Varennes abaissées jusqu'à la cote 50.

En levant nos regards vers le nord nous découvrons la partie haute de la commune presque dans son entier, et, près de nous, de tous côtés, s'étendent les vignobles, comme une mer de verdure, admirablement cultivés, offrant le plus réjouissant coup d'œil.

Vers l'est, dans les rangées infinies des pampres, sur toute la longueur de la commune, s'allonge la limite du territoire de Vernou; tout au bout, au nord, c'est celle de Monnaie qui nous borne, tandis qu'à l'ouest la commune rivale, Rochecorbon, nous ferme l'horizon.

Ainsi qu'on peut s'en rendre compte par un rapide examen, la partie haute est coupée presque vers son milieu, dans son étendue la plus étroite, par une ligne de faîte et de partage des eaux qui a la direction nord-ouest — sud-est. Elle part de la cote 121 pour finir à la cote 117 et sépare ainsi le plateau en deux versants, celui occupé par les vignes s'aspectant au midi, l'autre, celui des terres, allant vers le nord.

Le régime hydrographique n'a pas une grosse importance en dehors du val de la Loire et de la Cisse, sur lequel il n'y a pas à insister puisqu'il est très connu ; deux ruisselets : la fontaine de Jallanges et le Vauguereau, son affluent, arrosent seuls une faible partie du nord du territoire.

Ils se jettent l'un et l'autre dans la Brenne, qui suit le val de Vernou et descend dans la Cisse à quelques kilomètres au-dessus de Vouvray. L'écoulement des eaux du versant ouest du plateau se fait par le ruisseau de Rochecorbon.

Pour les diverses ondulations du sol nous renvoyons le lecteur à notre carte hypsométrique sans nous y attarder davantage.

[1] Voir notre carte hypsométrique à la fin du volume.

Vouvray appartient à l'arrondissement de Tours; c'est le chef-lieu d'un canton qui comprend les 11 communes environnantes. Il est à 10 kilomètres de Tours, à 4 kilomètres de Montlouis situé en face, sur l'autre rive de la Loire, à 26 kilomètres de Châteaurenault et à 16 kilomètres d'Amboise, tous chefs-lieux de cantons et centres importants. L'axe du bourg est situé par 47°24′8″ de latitude nord et par 1°32′8″ de longitude ouest; la surface de la commune est de 2.291 hectares et représente ainsi un peu plus de la onzième partie du canton.

La répartition des cultures à la surface du territoire indique déjà suffisamment la disposition géologique de ce sol si généreux. Après avoir donné un regard à la carte géologique et à la carte agronomique jointes à cet ouvrage, examinons la terre, pénétrons-la et constatons sa composition.

Le sol de la vallée de la Loire offre trois sortes de terrains très distincts; les inondations, dès les origines, ont charrié des sables qu'on retrouve presque purs; les varennes sont composées de terres légères provenant des alluvions modernes, un seul endroit sur la limite de la commune, près de Vernou, donne encore des traces d'alluvions anciennes; enfin, au lieu des Tuileries se trouve un gisement de limons argileux utilisés pour la fabrication des carreaux.

Le coteau et tout le sous-sol de la commune sont en craie-tuffeau micacée, autrement dit, calcaire en roche ou tuf, elle affecte des formes variables, devient friable et sablonneuse, mêlée de grains verts (craie chloritée) quand elle se rapproche de Monnaie, où elle est exploitée à une profondeur de 50 mètres pour amender les terres.

Du côté de Rochecorbon, cette craie devient plus grasse, plus argileuse et s'emploie comme marne.

La craie-tuffeau des coteaux est riche en fossiles, les genres les plus fréquents sont la *Gryphea Columba* à bandes colorées, le *Pecten*, les *Limes*, les baguettes d'Oursins; on y trouve encore en abondance des moules intérieurs de petites huîtres globuleuses et une foule de polypiers[1].

La surface du sol, plus facilement analysable, appartient presque uniquement à la molasse inférieure à zoophites. Elle se compose de la terre argilo-calcaire dite *Aubuis*, qui recouvre le tuf et borde en général le coteau; de la terre argilo-siliceuse appelée *Bornais*, qui occupe les plateaux, et de la couche d'argile à silex dite *Perruche*, qui se retrouve un peu partout, même à l'endroit appelé les *quarts*

[1] *Études sur la Touraine*, par CHEVALIER et CHARLOT.

de Moncontour qui s'étendent sur le mamelon même du château.

De ces divisions, dues au langage local ancien, il ne faut pas conclure que les cultures s'y sont absolument conformées. On a vu trop souvent des propriétaires peu avisés planter des vignes dans des sols qui n'auraient jamais dû en porter.

L'aubuis est un limon de couleur d'ocre claire que l'humidité rend compacte et que la sécheresse fend et rend très dur. Le cultivateur doit choisir le moment propice pour le travailler sous peine de ne pouvoir y pénétrer. C'est la terre de prédilection pour les vignes blanches qui y produisent les vins les plus estimés.

A la végétation extérieure qu'elle entretient on la reconnaît aisément; l'*Anthyllis vulneraria*, le chardon acaule, la moutarde sauvage, le pas-d'âne, etc., y croissent spontanément.

Le bornais, qui vient des dépôts de molasse marine, est argileux et peu calcaire, il se durcit facilement à la surface et demande à être souvent façonné; il est brun à cause de l'humus qu'il contient. Les céréales sont ses cultures recommandées, les plantes sarclées, la luzerne, le trèfle, le sainfoin y donnent d'abondantes récoltes.

Les plantes parasitaires sont: l'ansérine, l'*Agrostis spica-venti*, la *Digitalis purpurea*, etc.

Les perruches sont des terres difficiles et rudes au travail, en raison des nombreux cailloux qu'elles renferment. C'est de la présence de ces silex que vient la légende que perpétuent les paysans quand ils disent que leurs vins ont le goût de « pierre à fusil ». A côté de cela il est bon de constater que le terroir spécial des vins blancs de Vouvray, dont on parle dans ce cas, n'existe réellement que dans les crus de provenance d'arrière-côte; les vins supérieurs nourris dans le calcaire des aubuis et des sous-sols, se contentent du parfum velouté, du fruité qui charme et de la collerette de mousse capiteuse, leur orgueil ne demande rien au delà.

Il y a lieu d'ajouter que les perruches sont également les terres à vins rouges; surtout quand elles sont sur un sous-sol argileux.

Les plantes caractéristiques sont : l'épiaire, la ronce, la *Valerianella eriocarpa*.

Enfin les alluvions modernes des terres de la vallée sont propres à toutes les cultures, même fruitières et potagères, elles renferment une forte proportion de silice et les grands arbres s'y développent très bien, la luzerne sauvage (*medicago falcata*), la *linaria minor*, la *linaria arvensis*, l'*anthemis mixta*, etc., y croissent naturellement.

Après cet exposé géologique nous croyons devoir donner ci-dessous l'analyse des quatre principales couches avec les minima et maxima pour chacun de leurs éléments.

ANALYSE DES TERRAINS

Par kilogramme de terre séchée à l'air et tamisée

TERRAINS		AZOTE	ACIDE PHOSPHORIQUE	POTASSE	CARBONATE DE CHAUX
Alluvions	minimum....	0gr 960	0gr 569	1gr 334	1gr 659
	maximum....	1 332	0 823	1 728	2 970
Limon des plateaux	minimum....	0 875	0 450	1 225	0 780
	maximum....	1 300	0 885	1 980	1 950
Argile à silex	minimum....	0 850	0 384	1 440	4 890
	maximum....	1 950	0 992	2 784	13 366
Craie marneuse	minimum....	0 890	0 864	1 225	12 118
	maximum....	1 434	1 485	2 688	488 41

Le tuf en sous-sol de la Bellangerie donne comme analyse :

Calcaire	89,51
Sable siliceux..................................	10,49

Climat, météorologie. — Le climat de la Touraine est légendaire pour sa douceur qui exclut généralement les températures extrêmes; Vouvray, qui en occupe le centre, se trouve dans les conditions générales du pays, nous indiquerons donc seulement les particularités et nous les préciserons par des relevés et des moyennes.

Diverses causes ont une influence certaine sur le climat de Vouvray : la latitude d'abord, le peu d'élévation du sol au-dessus de la mer ensuite, mais par-dessus tout, la pente prononcée des vallées de la Loire vers l'ouest et le voisinage de l'océan. Ces conditions facilitent l'accession des vents d'ouest qui tempèrent les étés et les hivers.

D'autre part, les bienfaits de l'atmosphère maritime sont heureusement complétés par la conformation du sol des plateaux supérieurs. Comme il a été dit plus haut, le versant général du coteau de Vouvray s'aspecte vers le sud ; cette pente s'élève au nord jusqu'aux hauteurs du plateau de la Gâtine et des coteaux du Loir, qui passent de l'ouest à l'est, au nord de Châteaurenault, en s'élevant jusqu'à 180 mètres souvent couronnés de forêts.

Ce plan incliné vers le midi abrite du nord les végétations qui le recouvrent, toutes les vallées sont largement ouvertes au soleil en descendant vers la Loire; cette situation explique suffisamment la précocité de la végétation, qui, en général, est en avance de quinze à vingt jours sur celle de la Beauce et de Paris.

Voyons donc ce que pense de cette question, au point de vue de l'hygiène, le savant Dr Giraudet, et donnons-lui la parole, pour quelques lignes seulement, qu'il écrivit après avoir dépouillé les observations météorologiques de M. Delaunay, de 1830 à 1849[1].

« Sous le rapport de l'uniformité de température, de son égale distribution, on a constaté, pendant plusieurs années d'observations, que la variation moyenne des jours en Touraine est moindre qu'à Montpellier, et que la différence entre cette moyenne et le climat de Nice est à peine de 1°,5 centigrade l'hiver et de 2° au plus en été.

« Les différentes températures observées à Tours donnent une suite de termes dont les extrêmes dépassent rarement en juillet et août 32° centigrades, en décembre et janvier — 10°; ainsi, la chaleur moyenne de nos étés est de 22°; le froid moyen des hivers est de — 3°.»

Continuant ses détails, l'auteur nous apprend qu'à cette époque :

La hauteur moyenne du baromètre est de........	74cm,86
La moyenne hygrométrique en hiver............	98°
— — printemps........	96°
— — été..............	80°
— — automne.........	88°

Les vents régnant le plus souvent étaient ceux du S.-O. et du N.-E.

Nombre des jours sereins.........................	90
Jours nuageux et variables.........................	120

Brouillards au printemps, peu l'hiver et presque jamais l'été.

C'est à cette situation exceptionnelle que Vouvray et toute la côte, depuis les faubourgs de Tours, doivent leur réputation d'hygiène, de douceur et de charme pour leurs résidences champêtres. De tout temps leur faveur a été marquée, non seulement pour les séjours passagers, mais bien des propriétés sont occupées par des familles qui les habitent toute l'année, et y recherchent la douceur des demi-saisons.

[1] *Recherches sur l'hygiène de la ville de Tours*, par le Dr GIRAUDET.

Une colonie anglaise s'y succède annuellement, justifiant ainsi une renommée qui a passé à l'étranger et qui, surtout, a franchi la Manche.

Ces circonstances expliquent la flore remarquable qu'on constate dans les jardins et les parcs des propriétés.

On y rencontre couramment le laurier de Portugal (*Prunus lauro-cerasus et lusitanica*), le laurier-tin (*Viburnum tinus*), le laurier noble (*Laurus nobilis*), l'arbousier (*Arbutus unedo*), dont les feuillages sont toujours verts et qui fructifient comme dans le Midi. On y remarque même le grenadier (*Punica granatum*) tous les figuiers (*Figus*) rouges et blancs, le câprier épineux (*Capparis spinosa*) qui croît spontanément au long de la côte entre Rochecorbon et Vouvray, l'olivier, enfin les magnolias et les rhododendrons, végétaux qui, tous, appartiennent à la flore méridionale et qui, croissant en pleine terre, s'y développent en bravant les hivers.

Afin d'avoir un terme de comparaison pour la période des 7 dernières années nous donnons ci-dessous le résumé des observations faites à Tours en 1843 par M. Delaunay, professeur de physique et de chimie à Tours.

Les observations météorologiques spéciales à Vouvray n'ont été organisées que beaucoup plus tard ; nous les donnons à la suite pour 1900-1906, grâce aux études de M. Bardet, instituteur à Vouvray.

RÉSUMÉ DES OPÉRATIONS POUR 1843

SAISONS	BAROMÈTRE A MIDI		THERMOMÈTRE		HYGROMÈTRE		VENTS RÉGNANTS	ÉTAT ATMOSPHÉRIQUE NOMBRE DE JOURS			
	MIN.	MAX.	MIN.	MAX.	MIN.	MAX.		Beaux	Variables	Pluie	Brouillard
Hiver......	0,7385	0,7630	— 2	+12	80,5	97,50	N-E-O.	7	21	32	33
Printemps.	0,7470	0,7650	+ 3	+21	73	94	S.-O.	18	64	55	2
Eté........	0,7520	0,7650	+11	+31	72,5	87	N.-O.	24	54	41	4
Automne..	0,7450	0,7660	+ 3	+21	77	94	S.-O.	35	34	29	8

RÉSUMÉ DE LA QUANTITÉ DE PLUIE TOMBÉE (EN MILLIMÈTRES) DE 1900 A 1906

ANNÉES	TOTAUX	JANVIER	FÉVRIER	MARS	AVRIL	MAI	JUIN	JUILLET	AOUT	SEPTEMBRE	OCTOBRE	NOVEMBRE	DÉCEMBRE
1900	513,5	81,3	88,5	30,3	26,5	17,8	56,1	7,9	22,8	34,8	32,4	88,2	26,9
1901	454,8	19,6	17,8	29,8	48,2	42,6	11,4	109,9	8,7	68,2	33,5	12,7	52,2
1902	556,9	33,2	56,6	47,7	28,0	40,9	58,3	73,0	49,4	33,6	30,3	56,6	49,3
1903	655,1	40,9	27,8	54,2	42,5	61,9	113,5	62,7	32,8	86,3	85,2	17,1	30,2
1904	498,9	40,9	102,7	9,9	45,7	37,5	40,7	38,2	26,0	98,0	20,5	5,8	33,0
1905	588,1	15,4	11,4	37,8	35,6	76,1	89,7	47,7	72,3	69,6	25,0	66,7	40,8
1906	652,3	56,7	102,6	27,3	57,9	56,3	0,9	70,5	45,2	64,8	67,9	89,5	22,7
Moyenne annuelle	559,9												
Moyenne mensuelle...		42,9	43,9	32,6	40,6	47,6	52,9	58,6	48,9	65,9	40,9	48,7	36,4

DIAGRAMME DE LA MOYENNE MENSUELLE DES PLUIES DE 1900 A 1906

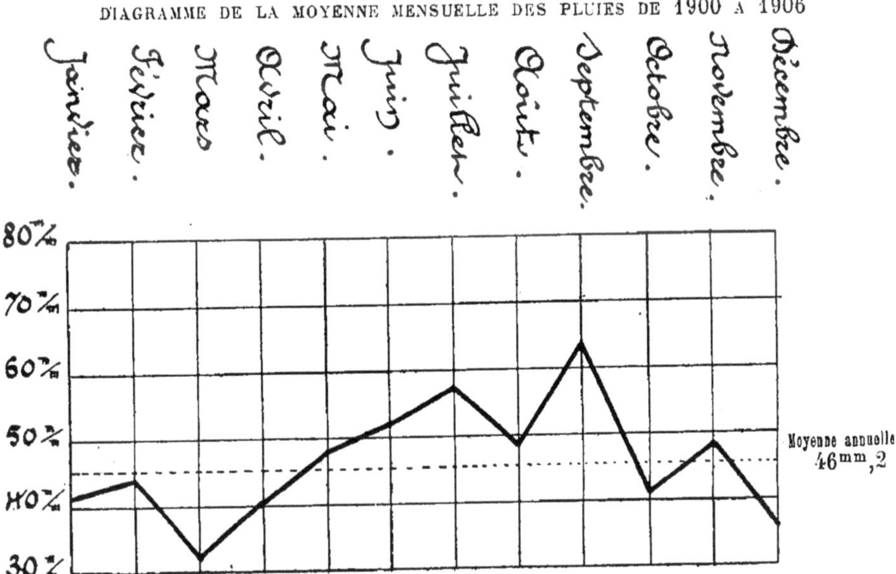

TABLEAU DES OBSERVATIONS MÉTÉOROLOGIQUES DEPUIS 1900

Baromètre et Thermomètre

ANNÉES	JANVIER		FÉVRIER		MARS		AVRIL		MAI		JUIN	
	T	B	T	B	T	B	T	B	T	B	T	B
1900	3°,29	757.32	4°,24	747,42	5°,2	755,55	10°,59	755,71	13°,38	754,74	17°,57	756,22
1901	4 ,20	756,04	1 ,92	759,22	6 ,27	749,8	12 ,37	758,01	16 ,60	756,00	20 ,92	756.88
1902	4 ,48	764,23	4 ,77	752,91	9 ,60	753,10	12 ,67	752,5	12 ,81	758,16	18 ,33	754,41
1903	6	759,82	7 ,98	764,64	10 ,73	755,1	9 ,88	755,6	16 ,70	752,1	17 ,65	755,83
1904	4 ,8	764,2	6 ,80	763,2	9 ,50	763,2	10 ,75	760.5	16 ,03	755,1	19 ,10	754,5
1905	3 ,25	765,7	5 ,61	763,3	9 ,42	754,57	12 ,49	755,36	14 ,20	756,6	19 ,45	755,4
1906	6 ,57	759,1	4 ,98	754,8	7, 38	758,33	10 ,91	757,6	15 ,63	754,7	19 ,14	759,79
Moyennes	4°,55	760,91	5°,26	757,92	8°,27	755,66	11°,34	755,75	15°,07	755,34	18°,84	756,07

ANNÉES	JUILLET		AOUT		SEPTEMBRE		OCTOBRE		NOVEMBRE		DÉCEMBRE	
	T	B	T	B	T	B	T	B	T	B	T	B
1900	22°,58	757,12	18°,49	756,24	16°,92	759,57	12°,76	759,27	8°,09	752,95	6°,91	758,75
1901	23 ,20	755,4	21 ,67	759,74	18 ,45	756,53	13 ,20	759,7	6 ,24	760,92	5 ,68	751,34
1902	21 ,68	758,6	19 ,25	755,46	16 ,62	759,02	11 ,78	759,9	8 ,34	756,6	5 ,55	761,46
1903	21 ,07	756,35	19 ,75	756,52	18 ,21	757,1	14 ,77	755,7	9 ,70	762,6	5 ,25	757,6
1904	24 ,00	752,1	18 ,90	758,3	15 ,40	755,3	12 ,38	758,9	5 ,50	762,6	6 ,27	759,83
1905	23 ,2	758,8	19 ,12	756.50	15 ,86	756,80	9 ,11	759,5	6 ,83	750,89	4 ,85	763,8
1906	21 ,87	758,48	21 ,69	759,00	17 ,50	761,00	14 ,58	755,7	8 ,62	757,3	3 ,21	758,2
Moyennes	22°,52	756,69	19°,74	756,68	17°,00	757,90	12°,65	758,38	7°,02	759,12	5°,39	758,71

DIAGRAMME DE LA TEMPÉRATURE MOYENNE MENSUELLE DE 1900 A 1906

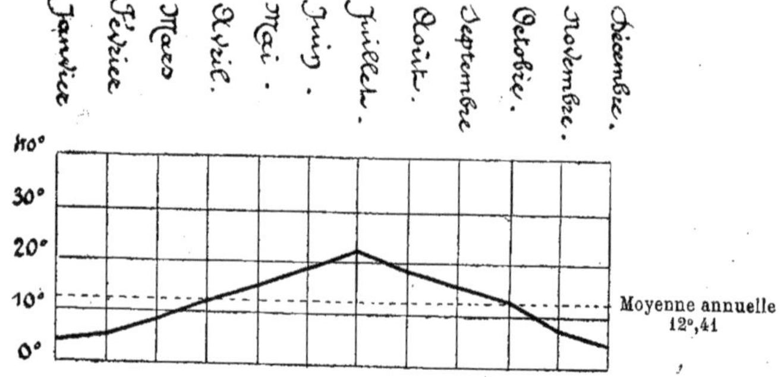

TABLEAU DES OBSERVATIONS MÉTÉOROLOGIQUES DEPUIS 1900

ÉTAT HYGROMÉTRIQUE ET VENTS DOMINANTS

ANNÉES	JANVIER		FÉVRIER		MARS		AVRIL		MAI		JUIN	
	HYG.	VENT	HYG.	VENT	HYG.	VENT	HYG.	VENT	HYG.	VENT	HYG.	VENT
1900	85,96	S.-W.	79,43	S.-W.	69,86	N.-E.	62,46	S.-W.	63,49	N.-E.	61,90	S.-W.
1901	75,59	S.-E.	72	N.-E.	79	N.-E.	67	W.	64,66	N.-E.	55,66	E.
1902	89	S.-W.	84,15	S.-W.	79,05	W.	72,7	E.	70,4	W.	68,7	W.
1903	79,33	S.-W.	74,43	S	73.02	S.-W.	68	W.	66,6	W.	69,65	N.-E.
1904	85	S.-W.	75,31	S.-W.	74,1	W	69	W.	71,2	S.-W.	67,5	S.-W.
1905	82,8	N.-E.	78,67	N.-W.	73,7	S.-W.	70,7	W.	70,2	N.-E.	72,5	W.
1906	79,6	S.-W.	78,58	W.	69,6	N.-E.	67,6	N.-E.	71	W.	63,8	N.-E.

ANNÉES	JUILLET		AOUT		SEPTEMBRE		OCTOBRE		NOVEMBRE		DÉCEMBRE	
	HYG.	VENT	HYG.	VENT	HYG.	VENT	HYG.	VENT	HYG.	VENT	HYG.	VENT
1900	58,50	S.-W.	61,54	S.-W.	67,50	E.	75,15	S.-W.	84,68	S.-W.	83,70	W.
1901	57,66	E.	54,47	E.	75	S.-E.	82	S.-W.	79,37	E.	89	S.-W.
1902	60,8	E.	69,9	W.	74,2	E.	86,1	W.	88,8	W.	86,06	E.
1903	66,76	W.	71,41	W.	76,7	S.	84	W.-S.-W.	87	W.	85,6	S.-W.
1904	62,0	W.-S.-W.	66,8	W.-S.-W.	71,9	E.	80,3	N.	80,1	E.	84,3	S.-W.
1905	72,7	N.-E.	73,3	S.-W.	78,70	N.-E.	77,07	N.-E.	83,20	S.-W.	84,8	N.-E.
1906	64,68	W.	64,5	W.	65	N.-E.	79,1	W.	84,8	W.	82,9	W.

RÉSUMÉ

S.-W.	————	24 mois
W.	————	24 —
N.-E.	————	16 —
E.	————	11 —
W.-S.-W.	————	3 —
S.	————	2 —
S.-E.	————	2 —
N.-W.	————	1 —
N.	————	1 —

Gelées printanières. — La disposition même du relief de la commune de Vouvray montre les parties qui sont le plus facilement atteintes par les gelées printanières. Les varennes sont toutes désignées en raison de leur profondeur; par contre, les plateaux échappent, presque tous les ans, aux désastres menacants de la saison. Mais il ne faut pas en faire une règle absolue; la science des météorologistes doit, hélas ! s'incliner devant les observations du cultivateur qui, d'un air entendu et avec un clignement d'yeux, annonce avec beaucoup d'exactitude que la gelée produit les effets les plus inattendus, et qu'on voit, en de certaines années, comme en 1907 par exemple, des régions atteintes, alors qu'elles ne le sont pas ordinairement.

Les gelées d'hiver ne produisent à Vouvray presque jamais de dégâts appréciables, il faut remonter au terrible et exceptionnel hiver de 1879 pour constater un désastre. Dans ces conditions, le vignoble seul, ou à peu près, étant intéressé aux gelées tardives nous résumons sur nos cartes météorologiques n°s 1 à 7, jointes à cet ouvrage, tous les renseignements dignes d'intérêt, et nous y renvoyons le lecteur.

On remarquera que les dépressions du sol, et les petites vallées qui descendent vers la Loire sont les premières atteintes par l'abaissement de la température.

La gelée que nous relatons (carte n° 1) et qui se produisit en mai 1698 fut si violente que « les vignerons arrachaient leurs vignes qui, au mois d'août, n'avaient pas encore poussé[1] ».

Les deux gelées de 1902 et de 1903 embrassent la commune dans son entier, les pertes furent considérables et les contrées qui ont échappé au danger sont dignes de remarque.

Enfin il faut arriver à l'année 1907 pour constater des dégâts importants ; le 29 avril sera marqué d'un point noir dans les annales de la viticulture vouvrillonne. Sur la plupart des coteaux la perte a été totale. Bien des propriétaires n'ont pas récolté plus de 2 à 3 hectolitres de vin à l'hectare. Les vignes les plus privilégiées ont été atteintes, tandis que des vignobles — en petit nombre cependant — situés dans des bas fonds ont été préservés.

La température humide et froide du printemps, suivie d'une sécheresse froide pendant l'été, ont provoqué la coulure, le mildew de la grappe et l'oïdium. Il n'en fallait pas tant pour détruire ce que la

[1] *Extrait des registres du bailliage*, n° 4700 (Bibliothèque de Tours).

gelée avait épargné; il n'est donc pas exagéré de dire que la quantité fera défaut ainsi que la qualité, et que, par suite, le vignoble doit considérer sa récolte de 1907 comme nulle.

Orages et grêle. — La marche des orages est intéressante à étudier parce qu'elle emprunte le plus souvent sa déterminante dans la configuration du sol. Le grand drainage qu'offre la vallée de la Loire est presque toujours suivi par les nuées lourdes d'électricité et de grêle qui montent au sud-ouest ou qui pointent du nord-est, roulant leurs cumulo-nimbus d'un gris jaunâtre de mauvais augure. Dans ce cas, gare aux vignobles qui se trouvent sur ses bords!

Il semble qu'arrivés au coude que fait la Loire en face de Vouvray, à l'embouchure de la Cisse, les nuages viennent comme pour se ruer et crever sur la côte. C'est ainsi que l'orage du 18 mai 1897 vint, à cet endroit précis, se diviser en plusieurs branches, pour se répartir en trois directions différentes et causer des dégâts considérables. Quelquefois même, comme le 7 septembre 1899, il poursuit sa marche vers l'est, et tourbillonnant sur les Varennes, il s'abat en trombes d'eau et de grêle qui sèment des désastres.

Quoi qu'il en soit, comme on peut le voir, Vouvray n'est pas un pays spécialement visité par la foudre et les grêlons, et la série des sinistres que nous enregistrons n'est heureusement pas longue.

Nous ne dirons qu'un mot des inondations de la Loire : ce fleuve, indolent et avare de ses eaux pendant la saison chaude, devient en hiver, et surtout au printemps, fougueux et envahissant. Il passe en peu de temps d'un état à un autre, il déborde et recouvre les Varennes; c'est ainsi qu'en 1846, 1856 et 1866, par périodes exactes de dix ans, il franchit ses levées et vint ravager les terres basses.

Vouvray, par sa situation, fut toujours à l'abri de ses incursions, mais les parties basses eurent quelquefois à en souffrir; le Conseil et les souscriptions privées vinrent au secours des sinistrés en 1866. Les archives de la mairie de Vouvray en font foi et citent, entre autres souscriptions, une somme de 1.000 francs offerte par la Compagnie du chemin de fer d'Orléans[1].

Les moyens d'accès, les lieux. — C'est à dessein que nous n'avons pas fait dans notre première partie l'historique des voies

[1] *Registre des délibérations*, le 20 novembre 1866.

de communication et parlé de la voie romaine qui traversait Vouvray. Résolu à ne pas entrer dans le domaine de l'archéologie pure qui pourrait s'ouvrir largement et attrayant devant nous, nous avons réservé cette question pour la traiter sommairement à cette place, où elle devait revenir sans aucun doute, pour apporter son appoint à notre étude économique.

Les deux plus anciens moyens d'accès de Vouvray sont : la Loire et la grande voie romaine qui reliait Tours à Orléans (Cæsarodunum à Genabum) et passait à proximité ou au centre du pays même.

Le fleuve a une histoire commerciale de première importance magistralement traitée dans l'*Histoire du commerce de la France*, par Pigeonneau, qui décrit la naissance et la mort de la « communauté des marchands fréquentant la Loire » dont nous avons déjà parlé.

C'est elle qui fut le principal élément dans les communications commerciales avec l'extérieur ; c'est par elle que les marchandises descendaient sur Nantes ou remontaient vers Paris et l'est.

Les voyageurs suivaient surtout les voies de terre, et la première de toutes fut la voie romaine. Quel est son emplacement? suivait-elle le coteau à mi-hauteur ou passait-elle sur le dessus du plateau?

Voyons ce que nous en disent les anciens. La route d'Orléans à Angers, en passant par Tours, est établie par les textes, elle est constatée par des traces visibles sur de certains points, mais qui ne sont pas situés sur notre territoire. Nous savons qu'elle passait en face de Tours, sur la côte de Saint-Cyr, et qu'elle se poursuivait à l'est vers Blois en reliant Saint-Symphorien, Rochecorbon, Vouvray, Vernou, Noizay, Nazelles pour passer la Loire à Amboise sur un pont de bateaux que cite Grégoire de Tours, et rester sur la rive gauche.

C'est d'elle dont parle ce texte, sous le nom de *Cheminum quod protenditur de Rupe Corbon ad Vernou* [1] et, pour en fixer la place sur le faîte de la colline, on s'appuie sur des restes constatés sur les hauteurs de Saint-Symphorien, de Vernou et de Noizay.

Nous ne croyons pas que ce soit là le véritable emplacement de la voie romaine dans son passage sur la commune de Vouvray. Nous ne voyons pas, en effet, où on aurait pu l'établir, franchissant les vallées secondaires qui l'auraient rendue impraticable, à moins que ce ne soit à une certaine distance au nord du bourg. Or il n'est pas admissible qu'il en soit ainsi en considérant les points d'attache évi-

[1] Charte du Chapitre de Saint-Martin de 1209.

dents à l'ouest et à l'est. Nous inclinons donc plutôt à croire que la route devait descendre du dessus de la côte aux Pâtis, rester à mi-coteau au long des rochers, où est la route actuelle, à l'abri des débordements du fleuve, passer dans Vouvray sur l'emplacement même de la rue du bourg, se poursuivre ainsi jusqu'à la vallée de la Brenne où elle gravissait à nouveau la côte.

C'est donc cette voie qui donnait accès à *Vobridius* aux temps anciens, elle fut entretenue pendant tout le moyen âge où nous en trouvons des traces, en 1365, par une charte de Henri II, roi d'Angleterre, relative aux turcies de la Loire, et, plus tard, en 1449, dans une charte du cartulaire de Bourgueil.

Avant lui, Charlemagne et son fils, Louis le Débonnaire, avaient créé les turcies et les levées de la Loire par une ordonnance *de aggeribus juxta Ligerim faciendis*.

Cette construction avait été poussée par leurs soins jusqu'à Langeais, traversant ainsi la paroisse de Vouvray, qui dépendait de ce fait, dans l'administration qui en continua l'entretien, de la section comprise entre Orléans et le pont de Sorges près d'Angers. La Renaissance entretint et développa les anciens chemins romains, elle construisit la route qui passait sur les anciennes turcies, en suivant le bord de la Loire, et communiquant avec la voie romaine secondaire et transversale qui venait de Châteaurenault, passait à Nazelles (Navicella), très ancien port, et entrait dans Amboise.

Ce n'est que beaucoup plus tard que la route de Vouvray à Châteaurenault par Vernou fut construite tout au long de la vallée de la Brenne pour mettre en communication ces trois centres importants.

Dans le cœur même du bourg, longeant le coteau qui supporte le Vigneau, s'embranchait la route qui, passant par la Bonne-Dame, donnait accès, par Monnaie et Neuillé-Pont-Pierre, à la région haute du plateau. Sur cette ligne débouchaient les chemins de la vallée de Nouis. Une série de petits chemins secondaires formait un réseau local très peu praticable par leur mauvais état d'entretien. Il faut arriver au XIXe siècle pour constater sur le cadastre de 1838 le développement considérable que reçurent nos voies de communication.

Le service des Ponts et Chaussées réorganisé a doté depuis cent ans le territoire de routes nationales, départementales, de chemins vicinaux et d'intérêt local sur lesquels il serait superflu de s'arrêter. La route nationale n° 152 suit la Loire au sud de la commune.

Signalons seulement les modifications qui ont amené le changement de dénomination et qui, supprimant les routes départementales, les a dénommées *routes de grande communication* pour laisser toutes les autres voies dans la catégorie des *chemins vicinaux*.

Les voies dites de grande communication sont les suivantes :

1° Route n° 46, de Vouvray à Vernou, par les Petites-Vallées;

2° Route n° 47, de Vouvray à Monnaie;

3° Route n° 76, des Herbes-Blanches, à Vernou;

4° Route n° 78, qui ne passe pas sur la commune, mais en longe la limite au nord, près du Tronçay, et va de Vernou à Monnaie.

Pour le surplus, voir notre carte agronomique.

Puis vinrent les premiers essais des lignes de chemin de fer et, en 1844, Vouvray vit s'exécuter les travaux de la ligne d'Orléans à Tours et Bordeaux, en prolongement de celle de Paris-Orléans primitivement construite. La ligne suit la vallée et entre en courbe sur le terrain des Varennes ; la gare a été fixée au lieu dit la Frillère, sur la route nationale de Paris, et se dresse sur la rive droite du fleuve, en face de la station de Montlouis que la largeur du pont seul sépare de celle de Vouvray.

Plus tard, en 1893, l'État construit la ligne de Chartres-Sargé-Châteaurenault-Tours, en passant par la vallée de la Brenne, avec station à Vernou et raccord à la ligne de Paris-Orléans quelques mètres avant la station de Vouvray.

Enfin, en 1888, une ligne de tramway à vapeur sur route fut établie, entre Tours et Vouvray, pour le service des voyageurs et des petits paquets, toutes les heures ou toutes les deux heures selon la saison.

Ainsi desservie par de nombreux trains journaliers, la commune de Vouvray dispose des communications les plus rapides et les plus utiles soit pour son commerce, soit pour le transport des voyageurs.

Sur le cours de ces voies diverses, mais surtout de ces routes intérieures sont dispersés une série de lieux dits, de hameaux et de villages dont la disposition est indiquée sur notre carte. La côte, en bordure sur la vallée, échelonne ses habitants, et ses résidences bourgeoises, à l'appui du rocher, depuis les *Pâtis* jusqu'à Vouvray, et depuis le bourg jusqu'à la limite de Vernou, en passant par les *Grandes* et les *Petites-Vallées*. Puis c'est la *Vallée Coquette*, la *Vallée de Nouis* et du bourg, et la *Vallée-Chartier* qui groupent leurs maisons dans les replis du sol et comptent, dans leurs caves creusées dans le roc, les plus grands crus de la côte. Sur le plateau les principaux sont : *la Bonne-Dame*, *l'Epinay*, *les Carrois*, *le Ponceau*, *la Fuye*, *Miauzé*, qui se trouvent noyés dans le vignoble.

Dans la partie haute, au milieu des terres et des céréales, nous voyons se grouper les maisons des *Haut* et *Bas-Closeaux*, du *Tronçay* et de *l'Auberdière*. Ces hameaux admirablement desservis par les routes de Vernou, Châteaurenault et Monnaie, sont en rapports constants et profitent largement d'une situation privilégiée.

CHAPITRE II

LA POPULATION

Répartition par âges, par sexes, par état civil, par professions. — Dans notre exposé de l'état de la population à la fin du xixe siècle, nous avons signalé une constante décroissance du nombre des habitants, et une augmentation du nombre des ménages.

Avec le recensement de 1901, nous allons observer une nouvelle baisse du chiffre des habitants et surtout de celui des ménages dans une notable proportion. Il est vrai que le dénombrement de 1906 nous apportera des chiffres meilleurs, mais qui n'atteindront cependant pas ceux de 1891.

Rapprochons ces renseignements pour les comparer.

ÉTAT GÉNÉRAL DE LA POPULATION

Année du dénombrement	Habitants	Maisons	Ménages	Étrangers
1901	2.285	769	777	
1906	2.350	725	783	8

Nous sommes donc dans l'obligation de constater que la population des campagnes, qui fait la base des chiffres ci-dessus, décroît non seulement parce que les ménages sont moins féconds, mais aussi parce que le nombre de ceux-ci est moins grand depuis 1896. Ces constatations nous amènent à juger les faits et à déplorer les conditions naturelles de la vie moderne qui, en se faisant moins faciles, font reculer les hommes devant les sacrifices pour élever une famille, et les décident, soit à fuir le mariage, soit à désirer seulement l'unique héritier.

Signalons cependant une amélioration des chiffres des habitants et des ménages en 1906.

Les étrangers sont, on le voit, quantité négligeable et encore faut-il noter qu'ils sont tous rentiers et ne prennent pas part aux travaux agricoles.

Passons maintenant en revue les statistiques des mariages, des naissances et des décès.

STATISTIQUE DES MARIAGES, NAISSANCES ET DÉCÈS

ANNÉES	MARIAGES	NAISSANCES	DÉCÈS
1900	17	35	66
1901	15	34	60
1902	16	40	60
1903	14	38	50
1904	9	36	43
1905	29	33	49
1906	21	40	39

Les mariages, qui avaient tendance à décroître de 1900 à 1905, ont repris dans une bonne proportion en 1905 et 1906; les naissances restent stationnaires, mais le résultat frappant de ce tableau demeure acquis à la décroissance notable de la mortalité.

TABLEAU DES MARIAGES PAR AGE ET ÉTAT CIVIL (1906)

AGE DE L'HOMME	FILLES						TOTAL
	Moins de 20 ans	20 à 24	25 à 29	30 à 34	35 à 39	40 et au-dessus (veuve)	
GARÇONS							
Au-dessous de 20 ans	2	6	1				
20 à 24	3	3	1				
25 à 29		1	1				
30 à 34							
35 à 39							
40 à 44							
45 à 49				1			
TOTAL	5	10	3	1			19
Veufs de 40 à 49				1		1	2
TOTAL GÉNÉRAL	5	10	3	2		1	21

Mariages entre garçons et filles	19
— entre veuf et fille	1
— entre veufs	1
Epoux ayant signé	19
Mariage précédé d'un contrat (loi du 10 juillet 1850)	7
— entre parents	»
— ayant légitimé des enfants naturels	2
Divorce	1

TABLEAU DES NAISSANCES D'APRÈS L'AGE DES PARENTS (1906)

AGE DE LA MÈRE	AGE DU PÈRE					ENFANTS			TOTAL
	20 à 24	25 à 29	30 à 34	35 à 39	40 à 44	LÉGITIMES	NATURELS	MORT-NÉS	
				GARÇONS					
Moins de 15 ans									
15 à 19 —		2				2			
20 à 24 —		3	1	2		6			
25 à 29 —		4	1		1	6			
30 à 34 —			2	4	1	7			
35 à 39 —				1		1			
Total des garçons.		9	4	7	2	22			22
				FILLES					
Moins de 15 ans									
15 à 19 —		1				1			
20 à 24 —	1		3			4			
25 à 29 —	1	2	3			6	1		
30 à 34 —				2		2			
35 à 39 —				4		4			
Total des filles.	2	3	6	6		17	1		18
Total des 2 sexes.									40

On remarquera que les naissances ont lieu pour la mère dans l'âge normal, c'est-à-dire de vingt à trente-quatre ans, et que, dans l'ensemble, nous n'avons à constater qu'un enfant illégitime, ce qui tendrait à prouver l'état favorable de la moralité de la population.

TABLEAU DES DÉCÈS SUIVANT L'AGE ET L'ÉTAT CIVIL (1906)

	AGE																					
	MORT-NÉS	1 AN	1 à 4	5 à 9	10 à 14	15 à 19	20 à 24	25 à 29	30 à 34	35 à 39	40 à 44	45 à 49	50 à 54	55 à 59	60 à 64	65 à 69	70 à 74	75 à 79	80 à 84	85 à 89	90 à 95	TOTAUX
Garçons		5		3		1	2									1		1				13
Mariés															2							2
Veufs																		3	2	1		6
Total des hommes		5		3		1	2								2	1		4	2	1		21
Filles																		1	1		1	3
Femmes															1				1			2
Veuves											1				3	2	1	3	2	1		13
Total des femmes											1				4	2	1	4	4	1	1	18
Report des hommes																						21
TOTAL GÉNÉRAL																						39

Du tableau qui précède on peut déduire le plus satisfaisant état sanitaire de la commune dont l'amélioration se poursuit encore.

Sauf pour la population enfantine où les décès sont relativement nombreux, nous notons avec empressement que presque tous les décès ont lieu parmi les personnes âgées, soit entre soixante et quatre-vingt-quinze ans. Cette constatation est tout un éloge pour une localité située comme Vouvray, pour la vigueur de la race, et pour un pays vignoble.

ÉTAT DE LA MORTALITÉ ENFANTINE (1906)

AGE DE L'ENFANT	GARÇONS		FILLES		TOTAUX
	LÉGITIMES	NATURELS	LÉGITIMES	NATURELLES	
Mort-né					
4 jours					
5 à 9 jours					
10 à 14 —					
15 à 30 —					
1 mois	1				1
2 —	1				1
3 à 5 mois		1			1
6 à 8 —	2				2
9 à 1 an					
1 an					
2 ans					
3 à 4 ans					
4 à 9 —	3				3
TOTAUX	7	1			8

S'il est difficile ici de rechercher les causes de la mortalité enfantine, qu'il nous soit permis d'observer que dans les campagnes la nutrition des enfants du premier âge n'est pas raisonnée : il est de coutume, de routine devrions-nous dire, de cesser trop tôt le régime lacté exclusif et d'y introduire une nourriture trop solide qui prépare et fait déjà de mauvais estomacs. De là les cas d'entérite et de gastro-entérite très fréquents, qui enlèvent ces petits êtres prématurément.

RÉPARTITION PROFESSIONNELLE

Professions libérales

Notaire	1	13
Médecins	2	
Curé et vicaire	2	
Huissier	1	
Directeur d'école et 2 sous-maîtres	3	
Directrice d'école et 2 sous-maîtresses	3	
Pharmacien	1	

Fonctionnaires de l'Etat

Juge de paix, 2 suppléants, greffier	4	12
Receveur de l'Enregistrement	1	
Percepteur	1	
Receveur buraliste	1	
Agent voyer	1	
Receveur des Postes	1	
Facteurs	3	

Fonctionnaires municipaux

Secrétaire de mairie	1	2
Garde champêtre, afficheur	1	

Commerce en gros

Négociants en vins	5	12
Courtier commissionnaire en vins	1	
Tonneliers et courtiers en vins	6	

Industrie

Tuilier	1	2
Vannier	1	

Commerce d'alimentation

Boulangers	3	33
Bouchers	2	
Epiciers	8	
Hôteliers et débitants	13	
Charcutiers	2	
Jardiniers	5	
	à reporter	74

Métiers divers

		report	74
Agents d'assurances	3		
Bourreliers	2		
Broderies	1		
Charpentiers	2		
Charrons	2		
Chaudronnier	1		
Coiffeurs	3		
Cordier	1		
Cordonniers	3		
Couvreurs	3		
Entrepreneurs de maçonnerie	4		
Etameur	1		
Géomètres	2		55
Libraire marchand de journaux	1		
Maréchaux ferrants	3		
Menuisiers	3		
Merciers	3		
Peintres	2		
Plâtriers	3		
Marchands rouenniers	3		
Sabotiers	2		
Serruriers	2		
Tailleur	1		
Voituriers	4		
Personnel de la gare P.-O.	3		3
		TOTAL	132

Avant de terminer par un tableau résumant les diverses classes de la population, nous indiquerons, à titre de renseignement complémentaire, que la municipalité qui dirige actuellement la commune se compose d'un maire, d'un adjoint et de 14 conseillers ; le nombre des électeurs inscrits est de 716 pour les élections politiques, de 36 pour les élections consulaires du Tribunal de commerce et de 4 à la Chambre de commerce.

Si nous considérons le nombre des personnes réparties ci-dessus par profession, avec le nombre total des habitants, si nous retranchons de ce dernier les propriétaires de toute importance, nous trouvons un chiffre qui représente environ les 2/7 de la population masculine employée aux travaux agricoles comme ouvriers de tout ordre.

Il est fort difficile de préciser davantage, dans cette classe de travailleurs, la part de ceux qui sont uniquement salariés et de ceux qui, ne possédant pas assez pour s'occuper et vivre sur leur bien, cherchent, en dehors, le surplus de leur existence. Dans un pays où la propriété est divisée à l'infini, où chacun, ou à peu près, possède un lopin de terre, il faut considérer comme ouvriers agricoles ceux qui sont propriétaires même de 2 ou 3 hectares de terre.

Dans ces conditions, nous serons à peu près sûr d'être dans la vérité et nous adopterons les chiffres suivants :

RÉPARTITION GÉNÉRALE DE LA POPULATION MALE

Professions diverses	132
Propriétaires faisant valoir	80
Fermiers	9
Propriétaires journaliers	485
Ouvriers agricoles de tout ordre	190
TOTAL	896

CHAPITRE III

L'ÉMIGRATION ET L'IMMIGRATION

Leurs causes. — Les remarques que nous avons à noter dans ce chapitre ne peuvent avoir de gros développements, puisque nous sommes en présence d'un pays dont la population est sédentaire, et dont les besoins n'exigent pas de déplacements.

C'est à peine si, de nos jours, nous pouvons observer les émigrations temporaires des journaliers, vers la Beauce où les vignobles voisins, au moment des récoltes. Le chiffre de la population rurale ouvrière ayant diminué partout, les bras disponibles, à de certaines époques, s'étant raréfiés en même temps de tous côtés, il en est résulté que la nécessité de l'accomplissement des besognes journalières et courantes a retenu chez eux les hommes autrefois libres.

C'est ainsi que les vignobles rouges de Touraine, qui vendangent leurs raisins bien avant les blancs de la côte de Vouvray, ne peuvent plus faire appel à leurs voisins pour les aider dans leurs récoltes. La difficulté du recrutement des coupeurs devient telle, même dans une année de disette comme celle qui se prépare actuellement pour 1907, que les viticulteurs se demandent avec anxiété ce qu'ils feraient de leurs fruits, si une année d'abondance se présentait.

Cependant, nous devons constater ainsi qu'il suit les chiffres annuels que nous donnent les statistiques :

TABLEAU DES ÉMIGRATIONS ET IMMIGRATIONS

Année	Emigrations	Immigrations
1900	26	32
1901	29	28
1902	14	29
1903	28	32
1904	17	46
1905	25	34
1906	16	46
1907	17	57
	172	304

Excès des immigrations.......... 132

De l'examen de ces chiffres il faut dégager une conclusion frappante : depuis 1900 les émigrations tendent à décroître alors que les immigrants se sont, au contraire, montrés plus nombreux ; il en résulte un gain de 132 habitants de 1900 à 1907. Mais si, d'autre part, nous en réduisons le chiffre des décès, après avoir ajouté celui des naissances, nous ne trouvons qu'une plus value de 20 individus environ. Il paraît donc évident que, sans le bénéfice des immigrations, la commune serait en flagrante décroissance.

Ceci posé, il est aisé de déduire que ce déficit, masqué par l'entrée des immigrants, doit être attribué presque tout entier à la population rurale et plus spécialement à la classe laborieuse du haut au bas de son échelle.

Quelles sont donc, en terminant, les causes de ces immigrations?

Selon nous, elles ne sont que la conséquence de la situation que nous venons de décrire. Les ouvriers faisant défaut, par suite de leur départ vers les villes, les propriétaires sont obligés de s'adresser à ce que nous appellerons la population domestique flottante des communes, qui change souvent de place dans l'espoir d'un sort meilleur.

La source de ce semblant d'importations nouvelles dans la population est certainement là; donne-t-elle vraiment satisfaction aux exploitants? C'est une question à laquelle répondent les nombreuses plaintes que font entendre les intéressés, quand ils parlent des difficultés dans lesquelles ils se débattent et de la rareté des bons serviteurs.

Ces mouvements n'influencent pas l'état de la propriété,ils ne provoquent que de rares ventes dans le cas où l'exploitant fait de mauvaises affaires, le rachat n'est pas fait par les arrivants, il a toujours lieu par des gens du pays plaçant ainsi leurs économies ; en général, ceux qui s'en vont chercher ailleurs de meilleures destinées, ne possédant rien, ne laissent rien derrière eux.

De même, il est aussi très rare de les voir revenir reprendre une situation qu'ils ont abandonnée.

Cette population n'a pas le caractère réel des émigrants, elle n'obéit pas à des courants réguliers, ce sont de pauvres gens manquant souvent de volonté, d'intelligence et d'ardeur au travail, et qui passent leur existence à maudire les difficultés de la vie en justifiant le proverbe : « Pierre qui roule n'amasse pas de mousse ».

CHAPITRE IV

DIVISION DE LA PROPRIÉTÉ

Répartition. — Les grands domaines qu'on rencontre sur l'étendue de la commune de Vouvray sont de deux sortes : les vignobles importants et les grosses exploitations agricoles pour lesquelles la culture de la vigne n'est qu'accessoire. Les premiers sont tous plantés dans la région des vignes, avoisinant la côte, ou se groupent près des vallées réputées; ils comportent des châteaux et résidences luxueuses que leurs propriétaires ont élevés là à cause de la valeur productive du sol et de la vue incomparable qui en fait des séjours remplis de charmes.

Les principaux châteaux généralement connus pour leurs beaux vignobles sont les suivants : on les retrouvera aisément en jetant un regard sur notre carte économique : château de Moncontour, château de l'Echeneau, le Vigneau, le Mont, le château des Bidaudières; en arrière, les clos Baudoin et Gaimont, qui se touchent, et le château de la Bellangerie, plus connu pour ses cultures, et qui se trouve maintenant enserré par les limites de la vigne. Plus haut, en pleine culture de céréales et de plantes sarclées, se rencontrent les domaines de la deuxième catégorie citée ci-dessus, ce sont : la Chardonnière, la Tranchaudière, la Grande-Maison, l'Auberdière, etc.

En dehors de ces propriétés qui constituent la grande culture, celles de moyenne et petite culture se répartissent, selon leur nature, autour des premières, mais souvent divisées en un grand nombre de mains comme le prouve le tableau ci-après :

Grande propriété (40 hectares et au-dessus)..........	6
Moyenne propriété (6 à 40 hectares).................	27
Petite propriété (1 à 6 hectares)...................	152
Moins d'un hectare..................................	651
Total..............................	836

Comme on peut le voir en se reportant aux détails donnés dans notre première partie [1] pour le XIXe siècle, les chiffres actuels sont sensiblement modifiés. La grande propriété culturale a diminué et subi l'assaut des petits propriétaires, dont le nombre grossit et tend à l'absorber. Le chiffre des petits propriétaires s'est augmenté d'un tiers, alors que la moyenne culture s'est maintenue. L'un des éléments de division se retrouve certainement dans l'abaissement du prix de la terre et surtout de la propriété bâtie. Si Vouvray ne ressent pas aussi directement qu'ailleurs les effets de la crise, on doit en rechercher la cause dans l'élévation relative des prix de ses vins, même en temps de mévente ; il ne faut pas moins reconnaître que la valeur de la propriété diminue. Nous n'en voulons pour preuve que les prix qui sont pratiqués dans les ventes amiables ou les adjudications, qui souvent ne donnent pas de résultats. De ce fait, la mobilité de la propriété n'est pas grande, les opérations ne sont pas fréquentes, une sorte de malaise règne à l'heure actuelle où les grands vignobles eux-mêmes, quand ils ne reposent pas sur une fortune importante et bien assise, chancellent sur leurs bases.

Par contre les ventes forcées et les saisies sont peu fréquentes, on en vient rarement à cette extrémité; mais il paraît évident que si la situation du vignoble ne devait pas s'améliorer d'ici quelque temps, on verrait, sans doute, leur nombre s'accroître. Dans ce cas, ce n'est pas la petite propriété qui serait touchée le plus. Celle-ci est cultivée par les possesseurs eux-mêmes, s'ils font des récoltes peu rémunératrices, ils perdent, il est vrai, leur travail — qui est d'ailleurs remplacé en partie par d'autres labeurs — mais ils n'ont pas, au moins, à débourser des frais énormes de culture.

En résumé, la situation de la propriété, prise dans son ensemble, s'achemine plutôt vers une division plus grande, et vers un état hypotécaire à conjurer. Souhaitons que la crise, qui a sévi si durement dans le Midi ces temps derniers, ne prenne pas en Touraine le même degré d'acuité ; que la pénurie de la récolte pendante apporte le palliatif au moins nécessaire, et que l'élévation des cours sauve en même temps la propriété d'un morcellement plus rapide et plus grand.

Biens communaux. — La fortune de la commune de Vouvray n'a jamais été considérable ; les 17 arpents de pacages que nous avons

[1] Voir p. 22.

signalés au XVIIIe siècle ont toujours été en diminuant par des ventes successives jusqu'à ce jour.

Actuellement ils sont représentés par un terrain vague de quelques ares, sans culture, situé derrière la gare des tramways et ne produisant rien. Il convient d'y ajouter cependant le presbytère, que la loi de séparation vient de faire rentrer dans la commune et qui est loué 400 francs; deux autres locations de portions d'immeubles s'élèvent à 190 francs, ce qui porte à 590 francs le revenu total des biens de cette très pauvre commune.

Coutumes successorales. — Les indications que nous avons déjà données pour les siècles passés et pour la période qui conduit à nos jours forment la base des usages sur lesquels repose le partage des successions.

Pour nous compléter, nous ajouterons que, les coutumes anciennes ayant disparu, on ne se trouve plus en présence que de deux cas : ou l'héritage suit son règlement régulier selon la loi, ou, du vivant du père, celui-ci procède lui-même au partage de ses biens entre les enfants, dans des conditions convenues amiablement.

Le premier cas est celui qui a cours dans toutes les familles riches disposant de la grande et souvent de la moyenne propriété. Le notaire liquide la succession, plus ou moins facilement selon qu'elle est claire ou embrouillée, et la loi reçoit son application.

Dans le second cas qui est représenté uniquement par la petite propriété et une infime partie de la moyenne, ou les héritiers se conforment à la loi après la mort des parents, ou ceux-ci ont pris des dispositions spéciales.

Il est rare de voir un père faire usage du droit que lui donne l'article 913 d'attribuer la quotité disponible à un enfant préféré ou à une autre personne. Cependant, dans la classe des paysans, on voit encore parfois, soit en raison d'une éducation trop rudimentaire, ou de caractères difficiles résultant d'une mauvaise nature, des enfants vivre en mauvaise intelligence avec leurs parents.

Quelquefois même, cela se comprend à peine, une fille et une mère ne peuvent supporter la vie commune, des colères terribles, des haines féroces en résultent. Dans ce cas, à l'heure de l'héritage, l'enfant se voit privé de la quotité disponible quand, par des dons ou des ventes fictives, la plus grosse part de la fortune n'est pas dispersée.

Mais ce ne sont là que des exceptions, et, le plus souvent, le père ou la mère, seuls ou encore en ménage, avancés en âge, ne pouvant plus cultiver leurs biens, les cèdent au fils, au gendre, ou aux enfants, moyennant une pension viagère qui leur assure l'existence jusqu'au dernier jour.

Il arrive parfois qu'une entente parfaite ne règne pas dans les partages; l'envie et l'avarice sont des passions bien humaines; l'autorité du père ne tranche pas le différend, le tirage au sort des lots égalisés à l'avance met tout le monde d'accord.

CHAPITRE V

LES MODES D'EXPLOITATION

Le fermage, le métayage, le faire-valoir. — Ainsi qu'on le comprendra sans peine, les modes préférés d'exploitation ne se sont pas modifiés depuis 1900, c'est donc une constatation de plus que nous avons à faire en l'entourant de l'exposé des tendances modernes.

Nous pouvons mettre résolument en dehors de l'usage le métayage, qui n'est pas pratiqué du tout dans le vignoble, l'a été quelque peu en agriculture et est tombé en désuétude depuis très longtemps.

Mais comme en ce monde, par un jeu qui n'est pas toujours du hasard, les vieilles choses ne sont jamais mortes pour toujours et peuvent redevenir en faveur, le métayage, pour les vignes, a été l'objet de tentatives en ces temps derniers.

Bien des propriétaires, surtout les forains, que des occupations retiennent au loin ou qui ne résident à la campagne que pendant la saison estivale, devant la montée des frais culturaux, la difficulté de la vente et les maigres résultats depuis quelques années, auraient volontiers abandonné la moitié de leur récolte de vin pour leurs frais de culture. Malheureusement pour leurs espérances, la contre-partie ne s'est pas offerte, le vigneron n'a pas voulu courir les risques de cette combinaison et les propositions en sont restées là.

Nous sommes donc, pour la viticulture, en présence d'une unique méthode, le faire-valoir patronal ou familial.

Le premier comprend toute la grande propriété et une bonne partie de la moyenne, il est suffisamment connu pour qu'on ne s'y arrête pas trop : le propriétaire dirige lui-même sa culture, conduisant ses hommes à sa guise, en disposant d'une façon absolue moyennant les engagements annuels des domestiques à gages, aidés des journaliers. Dans les très grandes cultures, le rôle de patron ainsi compris passe à un régisseur chargé de l'administration, du domaine.

Dans la moyenne propriété, où l'on rencontre souvent l'exemple du faire-valoir familial, dont nous parlerons ci-après, se trouve une série de personnes telles que les veuves, les mineurs, où celles qui, ayant appartenu à des professions diverses, n'ont aucune connaissance de la viticulture, et confient les façons de leurs vignes à des closiers.

Le closier est le vigneron qui prend la tâche annuelle de façonner les vignes d'un propriétaire dans des conditions et avec des obligations déterminées.

Il est logé sur la propriété, lui et sa famille, il se nourrit et s'entretient, il est libre de son temps et n'a d'ordres à recevoir que pour la direction des travaux ou leur bonne exécution.

La quantité de vignes qu'un closier peut entreprendre et bien cultiver est d'environ 4 hectares, ce qui souvent ne l'empêche pas, dans l'intervalle des façons, de se livrer à d'autres travaux.

La culture de la vigne, devenue si compliquée depuis la reconstitution à cause des soins constants qu'il faut lui donner, a modifié les conditions de la closerie. Autrefois le vigneron n'était tenu qu'aux façons réglementaires, façons d'hiver, taille et façons de printemps qui suffisaient amplement. Aujourd'hui, l'obligation des traitements soufrés et cupriques répétés, des soins d'ébourgeonnage et de rognage, d'entretien des pieux et fils de fer, a nécessité des conventions spéciales avec les closiers, elles sont devenues de véritables traités privés.

Le closier doit la culture de ses vignes jusqu'à la fin des façons, le travail de la vendange lui est obligatoire, pour le diriger et le conduire à bonne fin, mais alors il devient journalier payé à la journée, en plus de la somme annuelle qui lui est due, calculée à tant de l'hectare, pour la closerie.

Dans le faire-valoir familial rien n'est spécial à signaler. Le mode d'exploitation est le même partout, connu de tous. Selon l'importance de la propriété, le chef de famille seul ou aidé de ses fils, ou de domestiques, cultive la vigne lui-même avec le secours des femmes pour les façons secondaires, portage des fumiers l'hiver dans les rangs, ramassage des sarments, accolages divers, vendanges, etc.

Pour l'exploitation des domaines agricoles nous nous trouvons en présence uniquement du fermage et du faire-valoir familial.

Ni l'un ni l'autre ne revêt à Vouvray une forme spéciale, chacun en connaît le système; il est inutile de s'y arrêter davantage puisque nous en avons longuement parlé dans notre première partie (p. 23 et suiv.).

CHAPITRE VI

LES CULTURES

La viticulture, les vignobles. — L'attention toute spéciale que nous avons apportée à l'étude du sol dans le chapitre 1er de cette seconde partie a déblayé, à dessein, la question de l'état actuel des cultures de tout son ensemble théorique ; nous n'y reviendrons que pour en tirer des conclusions en dirigeant toute notre étude et tous nos efforts vers une connaissance complète du vignoble et de ses crus fameux.

Bien que nous ayons conduit déjà le lecteur jusqu'au seuil de ce siècle, notre regard doit remonter plus haut, de quelques années ; l'histoire réelle du vignoble actuel date de sa reconstitution et c'est sur la période entière de sa résurrection que doit s'étendre notre vue.

La question de replantation des vignes blanches de Vouvray fut la plus troublante qui soit au monde pour un viticulteur devant lequel — malgré les exemples des autres vignobles français — la terrible question de l'adaptation au sol et de l'affinité des greffons se dressait pleine de mystères.

On comprend qu'il ait été hésitant, qu'il ait mis un certain temps à prendre confiance et courage et il ne faut pas le regretter aujourd'hui, car ses recherches lentes ont été sûres, elles lui ont permis, sauf quelques essais malheureux inhérents à tout début, de posséder actuellement un merveilleux vignoble, robuste, sain, solidement établi, et promettant le retour des plus beaux des anciens succès.

C'est grâce aux enseignements du professeur Dugué, à ses conférences, à celles organisées par la Société d'Agriculture, Sciences, Arts et Belles-Lettres d'Indre-et-Loire, grâce aux champs d'expériences, aux pépinières de plants greffés qu'on est arrivé à faire la sélection convenable, que les sujets impropres ont été négligés pour laisser la place aux cépages de choix.

C'est aussi grâce à l'heureuse initiative de quelques propriétaires, à leur foi dans l'avenir, à leur exemple pratique signalé comme modèle, que le mouvement de la reconstitution fut généralisé. Au premier rang il convient de citer M. Ch. Vavasseur, propriétaire du domaine des Bidaudières, qui, dès le début, fut à la tête du progrès viticole de Vouvray.

Aux origines, la série des producteurs directs a fait de timides tentatives, le Noah, le Jacquez, l'Othello n'arrêtèrent pas l'attention et les viticulteurs restèrent plus préoccupés de la résistance des porte-greffes dans les terres calcaires, à sous-sol tuffeux, des grands vignobles vouvrillons.

Des essais nombreux furent faits de 1888 à 1890. Une légion de porte-greffes en sortirent vaincus plus ou moins par les épreuves faites en terrains calcaires ; parmi ceux qui donnèrent les meilleures espérances nous pouvons citer : le Riparia Gloire, le Rupestris-Monticola, le Riparia-Rupestris 3309, le Riparia-Rupestris 1202, le Mourvèdre-Rupestris, le Bourrisquou-Rupestris, l'Aramon-Rupestris n° 1.

Mais, dès les premières plantations, les allures du Riparia-Rupestris 3309 et du Rupestris-Monticola les firent distinguer et, selon les terrains, reçurent des faveurs marquées.

Après vingt ans d'expériences, voici le résumé des observations faites sur les meilleurs porte-greffes dans les terres de Vouvray et leur classement par ordre de mérite :

1° *Riparia-Rupestris* 3309. — Se comporte à merveille dans les terres contenant même plus de 33 0/0 de calcaire, offre une affinité parfaite avec les greffons des gros et menu pineau, est fructifère et résiste à la sécheresse. Est employé surtout spécialement pour les vignes blanches.

2° *Rupestris-Monticola.* — Mêmes qualités que le précédent, mais est moins fructifère et offre un peu moins de résistance dans le calcaire, il supporte moins la sécheresse.

3° *Riparia Gloire.* — Végétation parfaite surtout dans les terres argileuses ; ne supporte pas le calcaire aisément de 20 à 25 0/0 ; au-dessus, il se chlorose et meurt. Convient par excellence aux vignes rouges des vallées, et présente une belle affinité pour les cots, les groslots, les gamays.

4° Tous les autres porte-greffes américains ont des qualités variées et des défauts plus grands qui les ont fait reléguer au deuxième plan par des études spéciales et une longue expérience.

La Touraine possède un *Riparia* dit *Gloire de Touraine* qui a montré ses énormes qualités ; il n'est autre qu'un dérivé très voisin du Riparia Gloire de Montpellier, et a été employé dans la région presque indistinctement.

Quand les essais furent suffisants, que les exemples des initiateurs donnèrent confiance, le mouvement se dessina dans la masse des vignerons et ils se mirent à l'œuvre.

C'est alors seulement que le greffage de la vigne se fit en grand selon les trois principaux modes connus : les greffes anglaise, en fente et de côté dite de Cadillac.

Pour les greffages sur table destinés aux pépinières pour la préparation des plants, la greffe anglaise fut de beaucoup la plus usitée, alors que pour les greffages en place, sur des souches de deux ou trois ans, la greffe de côté était préférée.

Les ligatures étaient faites avec des brins de raphia passés au sulfate de cuivre et les greffes, après une stratification dans le sable ou dans la mousse, pendant quinze jours à trois semaines dans les caves, au cours des mois d'avril à juin, étaient mises en pépinière.

Les greffes étaient extraites de terre après racinement, soit au mois de novembre suivant, pour la plantation d'automne, soit en mars pour celle de printemps, qui était généralement préférée.

Lors de la replantation la disposition des ceps s'est sensiblement modifiée, les anciens modes de plantation ont été abandonnés et remplacés en grande partie par les alignements en cordons tendus sur fils de fer.

De forts pieux supportent la tension aux extrémités, d'autres moins gros soutiennent, par intervalles de 10 mètres, les deux ou trois fils placés dans les rangs, à distances égales, pour les accolages à partir de $0^{m},30$ du sol. Les rangs sont espacés de $1,^{m}50$ pour permettre le labourage avec un cheval et, sur les rangs, les pieds sont plantés à 1 mètre les uns des autres, on en compte en moyenne et selon l'écartement de 6.000 à 7.000 à l'hectare.

Il existe cependant encore des vignes qui ont été reconstituées selon les anciens modes de plantations, soit en rangs de 1 mètre sur 1 mètre avec échalas portant chaque cep et deux liages de paille. Les façons de ces dernières sont toutes faites à la main, mais c'est l'exception. Les labours sont effectués comme nous l'avons déjà dit, avec cette différence qu'ils ont été multipliés en raison des soins plus grands que la culture moderne a exigés du vigneron, sans qu'il en soit cependant plus spécialement récompensé.

Les trois labours effectués donnent un terrain meuble et sain que des parages et hersages entretiennent en bon état, alors que les pareurs à la main passent dans le rang de ceps.

La taille que nous avons déjà indiquée se fait dans la deuxième moitié de l'hiver, elle réserve pour les vignes blanches les coursons producteurs et prépare la pousse en gobelet : pour les vignes rouges elle réserve la verge unique à fruits pour le cot, et pour le groslot une disposition semblable à celle des pineaux blancs.

C'est généralement en avril et en mai que se présente la période la plus critique pour la vigne. Les gelées printanières ont toujours jeté un défi vainqueur aux tentatives de préservation. Les nuages artificiels ont été pratiqués en cas isolés, ils ont donné des résultats partiels, jamais concluants : un léger vent matinal a souvent donné bien des déceptions en allant porter la préservation chez un voisin moins prévoyant.

Dans le vignoble moderne l'emploi des engrais chimiques est venu révolutionner aussi les anciens errements, qui ne comportaient que la fumure ou fumier. La culture nouvelle demandant plus à la plante qu'autrefois, on s'est trouvé dans la nécessité de la soutenir par l'introduction dans le sol d'éléments nutritifs.

Les engrais composés par chacun, selon le besoin de la terre, comportent les superphosphates d'os et minéraux, la corne torréfiée, le sang desséché, le sulfate de potasse, le nitrate de soude, la kaïnite, les scories de déphosphoration, selon que l'effort que l'on veut obtenir doit être rapide ou long. Les engrais sont épandus soit au printemps, soit à l'automne d'après leur composition et, dans les vignes bien conduites, on alterne tous les cinq ou six ans avec les fumiers pour entretenir l'humus nécessaire.

Les ébourgeonnages et rognages sont pratiqués également avec un soin tel que tous les vignerons jaloux de leur culture, désireux de faire mieux, rivalisent de zèle et entretiennent leurs vignes dans un état parfait. Nous pouvons dire à leur gloire, et nous savons qu'ils en ont l'orgueil, que, sauf de très rares exceptions, le vignoble tout entier présente, de juin à septembre, le plus merveilleux et réjouissant aspect. Tant loin que les regards peuvent s'étendre sur la côte : les rangées symétriques, tirées au cordeau, s'alignent dans leur régularité verdoyante.

Il est de la plus équitable justice, sans parti pris et sans patriotisme local outré, de proclamer hautement les progrès accomplis par le vignoble de Vouvray depuis sa reconstitution, et de le classer sans réserve, pour les cultures, à l'égal des vignobles de Champagne, du Bordelais ou du Midi auxquels il n'a rien à envier.

Il faut qu'on sache, pour le bien du pays et pour son avenir, qu'il est, en Touraine, des domaines qui, par leur nature, leur aspect et leurs produits, méritent, à tous les titres, l'attention et la confiance qu'on accorde aux grands vignobles de France.

La lutte contre les maladies cryptogamiques y est soutenue avec activité et raisonnement ; les traitements soufrés commencent avec la floraison et se poursuivent sans relâche contre l'oïdium ; les bouillies cupriques combattent le mildew par des sulfatages répétés. Nous n'entrerons pas dans le détail des compositions multiples qui, grâce au commerce, sont mises en usage ; celles qui comprennent l'addition des cristaux ou du savon pour leur donner de l'adhérence, les eaux célestes et produits divers ont leurs partisans ; il en est une, la première de toutes, la plus simple, que la grande majorité des vignerons emploie, c'est la première bouillie bordelaise dosée comme il suit et qui a nos préférences personnelles :

Sulfate de cuivre	2 kilogrammes
Chaux	1 —
Eau	100 litres

Cette formule est généralement diminuée en sulfate de cuivre pour le premier traitement afin de ne pas atteindre la sensibilité des trop jeunes pousses.

Parmi les insectes qui ravagent les vignobles du Midi en particulier, il n'est que la *Cochylis ambiguella* qui ait fait une apparition sérieuse à Vouvray.

Beaucoup s'en préoccupent avec juste raison parce qu'ils ont eu à en souffrir et, en 1907 encore, bien des points ont été attaqués. Les traitements destructifs, la décortication et l'ébouillantage des souches en hiver ne sont guère pratiqués dans la masse des vignerons, quelques propriétaires seulement ont effectué le badigeonnage des souches en février avec la solution suivante :

Acide sulfurique à 66°	6 litres
Eau	100 —

La vinification. — Les vendanges blanches ne se font que très rarement avant la deuxième quinzaine d'octobre ; certains propriétaires attendent, quand le temps le permet, que quelques gelées blanches aient touché le raisin, préalablement doré par le soleil.

C'est ce que le paysan appelle la pourriture *noble* par opposition à la pourriture grise (*Botrytis cinerea*) ; la première est un signe de qualité. Des femmes et des enfants font la cueillette dans des *seilles* dont le contenu est versé dans les hottes, que des hommes portent sur le dos et qu'ils déversent dans les *barrossiers* (fûts de 250 litres défoncés d'un côté) que contiennent les charrettes.

Chez le petit propriétaire, la vinification en blanc se fait généralement le soir, après la journée de vendange trop souvent, hélas ! les raisins attendent dans le pressoir ou dans les tonneaux jusqu'au lendemain. On pressure dans les appareils nombreux que l'industrie moderne répand dans les campagnes, et on enfûte immédiatement pour laisser la fermentation se faire dans les barriques.

Dans les caves plus importantes la vendange, au lieu d'être foulée aux pieds, tombe dans des fouloirs avant d'arriver au pressoir. Les appareils de vinification qu'on rencontre presque partout sortent de la maison Mabille frères d'Amboise, universellement connue pour l'excellence de sa fabrication, qui a remplacé, avec les avantages des perfectionnements modernes, les antiques pressoirs de nos pères, tout en lourdes charpentes avec pression à bras. Des systèmes nouveaux, actionnés mécaniquement, se rencontrent seulement dans quelques domaines importants ; nous aurons à en reparler plus loin.

La question de la vinification, si délicate, si importante, de laquelle dépend la qualité du produit, est digne de nous arrêter un instant.

Elle a fait, comme le reste, des progrès considérables, mais la coutume ancienne a laissé des traces profondes, encore constatables chez le petit vigneron. Il n'est pas très rare d'en rencontrer qui sont coupables de négligences, qui respectent des préjugés funestes et que la triste expérience ne corrige pas. Le débourrage du vin blanc qui vient d'être fabriqué n'est pas toujours pratiqué dès la fermentation terminée, on prétend trop, et à tort, que la grosse lie doit être laissée au fond des barriques parce qu'elle *nourrit* le vin, lui donne de l'alcool et fait sa qualité supérieure. Les soutirages répétés qui assainissent le vin, le clarifient et le rendent plus moelleux, ne sont pas assez pratiqués, et font rencontrer trop souvent, dans les petits celliers, des vins jaunes dont le goût est altéré et la conservation mauvaise.

Ces inconvénients ne se rencontrent plus chez les producteurs avisés et disparaîtront partout avant longtemps, nous l'espérons.

La vinification en rouge, qui n'a qu'une très faible importance, est faite selon le mode déjà indiqué ; dans la moyenne et la petite culture, les anciens pressoirs sont encore parfois en usage ou ont été remplacés par des appareils perfectionnés Mabille frères. L'usage des cuves en bois est très généralisé. On ne rencontre que quelques rares exemples de cuves en ciment nu ou avec revêtements intérieurs en verre. Le défaut d'espace, dans les caves du rocher, a fait souvent utiliser celui-ci comme mur : on l'a garni de ciment et la vendange est introduite par une étroite ouverture à la partie supérieure. Le sous-sol de la côte étant perforé de longues galeries au-dessous des vignes, il arrive souvent que le raisin est jeté de la vigne même dans des puits qui le conduisent directement dans le pressoir.

La cuvaison dure, selon les années, de dix à quinze jours et se fait généralement à l'air libre, quelquefois aussi en couvrant les cuves avec des claies qui retiennent le marc submergé, et jamais en vase clos. Ce dernier mode, qui a des avantages sérieux, conserve le fruité au vin, évite l'évaporation et élève le degré alcoolique, mériterait d'être étudié de très près.

La composition chimique des vins de Vouvray varie, comme partout, selon les années, sous l'influence des conditions climatériques. On ne compte plus les récoltes qui ont fait époque dans le siècle dernier. Pour ne parler que des plus récentes, citons les années 1870, 1875, 1881, 1893, 1895, 1900 et 1906. Parmi ces dernières, 1870 ne peut plus offrir que quelques rares bouteilles représentant la récolte exceptionnelle qui a charmé notre jeunesse. Si 1893 la suit de près, il faut constater une grande inégalité, même dans des crus voisins; de son côté, 1906 peut s'inscrire parmi les bonnes qualités sans dépasser une certaine limite ; enfin que sera 1907?

A l'heure où ces lignes sont écrites, il est difficile de pronostiquer ; on sait seulement que le rendement sera très faible, en raison de la gelée du 29 avril, et de la coulure provoquée par une saison exceptionnellement humide et froide ; la qualité ne peut manquer de s'en ressentir et tout porte à croire qu'elle n'atteindra pas la moyenne.

Nous donnons, dans le tableau ci-dessous, les chiffres extrêmes des éléments constitutifs des vins, pour les deux dernières récoltes, chiffres qui nous sont aimablement fournis par M. L. Robin, le distingué directeur du laboratoire départemental de Tours.

ANALYSE DES VINS DE VOUVRAY

CÉPAGES	ALCOOL		EXTRAIT SEC		ACIDITÉ		SUCRE RÉDUCTEUR	
	1905	1906	1905	1906	1905	1906	1905	1906
Pineaux :								
Minimum.	8°,6	10°,5	22gr,80	28gr,32	6gr,05	4gr,73	2gr,04	3gr,12
Maximum.	11	13 ,2	36 ,40	40 ,24	7 ,88	7 ,53	12 ,40	15 ,62
Groslots :								
Minimum.	6 ,8	9 ,2	19 ,40	21 ,52	6 ,30	5 ,60	0 ,60	0 ,96
Maximum.	8	9 ,8	20 ,68	22 ,74	8 ,05	6 ,13	0 ,96	1 ,04

Ces chiffres, qui relèguent au deuxième plan les cépages rouges, n'intéressent que ceux qui sont obtenus avec le cépage appelé *groslot*. Il est bon d'ajouter que le *côt*, anciennement cultivé à Vouvray, a été en général abandonné en raison des difficultés de sa défense contre les maladies cryptogamiques et de sa tendance à la coulure qui l'ont mis en défaveur [1].

Il nous paraît indispensable de détruire une critique qui pèse lourdement sur la réputation des vins de Vouvray, depuis la reconstitution du vignoble; nous ferons cette œuvre de justice avec la plus entière sincérité, certain d'être compris par les personnes indépendantes qui sont au courant des questions de la viticulture nouvelle.

Quand les derniers vins de vignes françaises ont paru sur le marché de 1890 à 1895, le commerce et un grand nombre de personnes peu renseignées et crédules ont proclamé hautement que Vouvray n'obtiendrait plus les mêmes qualités avec les cépages américains, et que c'en était fini de ses vins, à tout jamais.

Il y a encore, à Bercy et ailleurs, des négociants qui soutiennent cette opinion et qui l'appuient sur la dégustation des récoltes obtenues depuis 1895 et 1900.

Il n'est pas besoin d'être grand clerc pour faire remarquer que, de tous temps, sous le régime des plants français, une vigne jeune n a pu produire une qualité semblable à celle des anciennes, que les

[1] Pour ce qui est des vins blancs, les chiffres du tableau précédent parlent d'eux-mêmes : quand on peut constater 13°,2 d'alcool, 40gr,24 d'extrait sec et 15gr,62 de sucre réducteur, n'est-on pas autorisé à proclamer la qualité de tels produits? Nous ne croyons donc pas être taxé d'exagération en classant les vins de Vouvray parmi les grands vins français.

grands vins de 1870 et 1875 ont été donnés par des souches centenaires. Pourquoi exiger des ceps de cinq à huit ans ce qu'on n'a jamais songé à demander aux autres? Laissons le temps faire son œuvre et soyons assez patients pour attendre. La greffe, qui a été elle-même très attaquée, à ce sujet, ne peut manquer de donner, comme pour les arbres fruitiers, une plus grande finesse au fruit; et d'ailleurs n'avons-nous pas l'exemple du Midi qui nous a précédés de vingt ans dans la reconstitution, et qui voit, chaque année, la qualité de ses vins proclamée par le commerce lui-même.

Faisons donc bon marché de ces erreurs, détruisons une bonne fois ces préjugés, faisons déguster nos vins.

C'est aussi ce qu'on ne manque pas de faire. Dans les concours généraux de Paris, dans les expositions universelles étrangères et françaises, dans les foires aux vins de Tours, où, grâce à l'heureuse initiative de l'Union vinicole d'Indre-et-Loire, le producteur est mis en rapports avec le consommateur ou l'acheteur, les dégustations sont franchement favorables aux vins reconstitués.

Si nous devions reproduire la liste des récompenses obtenues par les vins blancs de Vouvray, nous la verrions prendre des proportions excessives. Les plus grands succès, prix du Président de la République, prix ministériels, médailles d'or, diplômes et primes d'honneur, ne se comptent plus; on nous pardonnera de ne pas les énumérer.

Les grands crus. — Nul doute qu'au moment de la replantation le vignoble de Vouvray n'ait subi une modification sensible au point de vue de la répartition de la propriété.

Une série de biens appartenant à des personnes, ou gênées ou ruinées par la destruction des vignes, ne furent pas replantés et passèrent à d'autres mains, soit par une nouvelle division, soit par l'absorption opérée par les propriétaires limitrophes. C'est ainsi que plusieurs vignobles s'agrandirent, que d'autres se formèrent à côté de ceux qui existaient déjà, que, dans la moyenne culture, beaucoup d'exploitations améliorèrent leur intallation et que les grands vignobles fondèrent des établissements de premier ordre. Ceux-ci méritent d'être considérés, arrêtons-nous à eux au passage.

Les Bidaudières, créées par M. Charles Vavasseur, présentent, sans contredit, le plus important domaine de la commune, et se placent en première ligne pour leur culture, leur direction et l'influence qu'elles ont eue dans la contrée.

Le château se dresse à mi-côte, à l'est du bourg, dominant les Petites-Vallées, sur lesquelles sont situées les vignes rouges.

Au-dessus, en première côte et sur divers points des meilleures terres, s'étendent les 60 hectares de vignes blanches, formant les dépendances du domaine.

Bien que nous ayons pris à tâche de ne pas faire de personnalités, nous n'hésitons pas à consacrer à cet important vignoble une étude spéciale, qui aura pour but de faire connaître le type par excellence de la grande culture, telle qu'elle est pratiquée dans cette commune.

Le domaine, constitué par l'achat des terres environnant le château, et qui furent les anciens fiefs royaux déjà cités des *Caves du Bourg* et du *Bouché*, a été, dès sa replantation, l'objet d'études raisonnées qui l'ont fait établir sur les bases les plus solides.

Des essais en pépinière, des analyses de terrains, ont permis d'adapter au sol de la vallée, pour les vignes rouges, le Riparia Gloire et, dans les terres silico-argileuses et calcaires du coteau, le Riparia-Rupestris 3309 et le Rupestris-Monticola en majorité, qui s'y sont installés victorieusement, porteurs des menu et gros pineau de la Loire, assurant une qualité maîtresse aux produits.

Les soins donnés au vignoble sont raisonnés et n'obéissent qu'à la nécessité, sans superflus, mais rationnels; la vigueur du feuillage, la propreté des terres, l'abondance de la récolte, dans les dernières années, moins malheureuses que celle-ci, démontrent une culture dirigée d'une main ferme et experte.

L'installation vinaire est tout à fait remarquable. Établie aux Caves du Bourg, près de l'église, elle comporte une série de pressoirs actionnés mécaniquement et qui épuisent, en moins de vingt-quatre heures, la totalité de la vendange cueillie dans la journée.

Les moûts sont réunis et égalisés par qualités spéciales dans des cuves où ils déposent leur grosse lie, et les pompes mécaniques les en retirent, dans les vingt-quatre heures, pour les répartir dans les futailles, où ils opèrent leur fermentation. Les superbes caves attenantes peuvent contenir des milliers de pièces. Une installation de lumière à l'acétylène éclaire le personnel et les visiteurs.

Un vignoble constitué dans de telles conditions de culture et de cru ne peut manquer de produire toute une échelle de qualités diverses qui sont obtenues, d'abord par des tris successifs, au moment de la vendange, ensuite par la façon dont les vins sont traités.

Les grands vins, dont les prix varient entre 200 et 300 francs dans

LE CHATEAU ET LES VIGNOBLES DES BIDAUDIÈRES.

les bonnes années, sont travaillés seulement par des soutirages, maintenus doux et liquoreux et titrent de 12° à 14°.

Ceux, plus courants, mais qui représentent pour le commerce les vins moelleux si recherchés, pèsent de 10 à 12° et, dans les années comme 1900 et 1904, ont atteint le prix moyen de 120 francs la barrique locale logée. En 1904, le rendement total du domaine des Bidaudières a dépassé 1.500 pièces.

Les difficultés de la vente des vins secs et de deuxième cru ont obligé M. Vavasseur à chercher un moyen d'écoulement plus certain. Il a fait des essais de champagnisation qui ont pleinement réussi et qui lui assurent un débouché. Ces vins sont obtenus par les procédés champenois, ont une légèreté et une finesse très grandes ; ils gardent leur originalité, leur saveur propre, et se différencient nettement des vins de Champagne.

On ne peut, certes, que féliciter l'actif et avisé propriétaire des Caves du Bourg d'avoir su trouver l'utilisation et la vente facile des vins que leur nature ne destinait pas à la masse du public, et cette industrie répond sans doute au goût d'une clientèle spéciale. Il n'en est pas moins certain que les vrais amateurs iront toujours tout droit aux grands vins qu'une vaine mousse ne décore pas, et se laisseront charmer par des mérites qui ont obtenu les plus hautes récompenses, et ont fait nommer M. Vavasseur membre des jurys nationaux depuis 1900.

Le vignoble des Bidaudières, par la direction éclairée qu'il a reçue dès sa reconstitution, par les améliorations provoquées dans la culture locale, par l'initiative prise dans toutes les études et expériences d'actualité, telles que pressoirs mécaniques, nuages artificiels, tirs contre la grêle, etc., par le rôle prépondérant qu'il occupe à Vouvray, par son installation vinaire de premier ordre, résume ce qui a été fait dans la culture locale [1].

A peu près à mi-chemin des Bidaudières, superbement campé sur le fier mamelon auquel il doit son nom, s'élève *le Mont*, cru renommé entre tous, pour une situation dans les terres les plus riches, pour l'intelligence de ses cultures autant que pour l'excellence de ses produits.

Plus près encore du pays même, au-dessus des maisons du bourg, s'élevant comme pour les protéger, *le Vigneau* accroche sur le bord de la côte sa façade en rotonde. Le vignoble s'étend derrière, entre

[1] Nous devons rappeler que ces lignes ont été écrites à la fin de 1907-1908.

le pays et la vallée de Nouis, M. Faucheux, ancien notaire à Tours, fils d'un propriétaire jaloux de son vignoble, en a continué la tradition, en a effectué la reconstitution, et attiré surtout notre attention par des procédés et des soins spéciaux de vinification. La récolte n'est prise au Vigneau que le plus tard possible, les neiges précoces des premiers jours de novembre ne l'effraient pas, tant que la pourriture grise ne le menace pas, il laisse le raisin se gonfler de sucre et obtient ainsi des degrés fantastiques en moût. Ce système n'est pas partagé par tout le monde, toujours est-il que Me Faucheux, qui est homme à savoir ce qu'il veut et où il va, possède dans ses caves l'un des crus les plus cotés de Vouvray.

L'Echeneau se trouve de l'autre côté de la dépression du sol qui forme le vallon où s'asseoit le bourg; l'étendue de son vignoble est d'environ 15 hectares qui remontent sur la côte, dans la région dite des Quarts de Moncontour. Cette région, située entre Vouvray et les Pâtis, entoure du nord, de l'est et de l'ouest, les domaines du château.

Moncontour, qui est depuis longtemps entre les mains d'un riche possesseur, M. Kœnigswarter, est une superbe résidence, un vignoble de belle allure, de 15 hectares environ, et qui produit des vins recherchés. Avec cette exploitation de tout premier ordre, qui est conduite par un régisseur général de grand mérite, M. Carré, nous nous trouvons en face d'une particularité qui tend à prendre un caractère commercial.

Sans doute dans le but de satisfaire certaines demandes ou d'imiter ce qui se fait en Champagne, Moncontour installa dans ses chais des appareils de champagnisation, et, fournissant des types de vins suivis en raison de cette préparation, s'adressa à une clientèle spéciale.

Dans les vallées secondaires, que nous désignons ainsi à cause de leur situation perpendiculaire à la grande côte, mais qui abritent, dans leurs caves séculaires, des vins rivaux des crus cités plus haut, nous nous empressons de dire que les noms légendaires de la *vallée Coquette*, de la *vallée de Nouis* et de la *vallée Chartier* sont fort connus des amateurs et du commerce, qui apprécient comme il convient les mérites de leurs produits.

Dans la vallée Coquette se trouvent les propriétés de M. Mignot, ancien maire de Vouvray, qui ont toujours occupé une place d'avant-garde dans la culture de la commune.

Le fameux et antique *clos Baudoin*, qui domine la vallée de Nouis, tout près du *clos Gaimont*, de feu le comte de Médine, a subi la

CHATEAU DE MONCONTOUR.

reconstitution qui, momentanément, lui a fait perdre la suprématie qu'il exerçait jadis. Il est aujourd'hui possédé par un marchand de vins en gros de Tours qui l'exploite et qui, de ce fait, l'a retiré du mouvement commercial du pays.

Nous pourrions citer à l'infini les caves renommées, mais il faut se borner et, parmi tant de bons crus, même à regret, savoir s'arrêter.

L'agriculture, les céréales. — Nous l'avons dit déjà : la commune de Vouvray n'est pas agricole dans la véritable acception du mot. Les quelques grandes cultures qu'on citait autrefois sur son territoire septentrional, sont, depuis de longues années, en décroissance marquée, quelques-unes même n'ont pas subsisté, et celles qui sont encore cultivées ont vu leur domaine s'amoindrir par des ventes.

La vigne seule règne en souveraine sur un sol qu'elle a conquis, et dans lequel, en dépit de tout, elle reste pimpante et dominatrice.

Peut-être même devrions-nous dire qu'elle est devenue un peu trop expansive et que, pour le bien de tous et d'elle-même, elle aurait dû se borner à ses anciennes possessions.

Le viticulteur vouvrillon a subi la tendance générale, quand les premiers essais de plantation ont donné des résultats encourageants, l'emballement de la population s'est déchaîné, et on a planté certainement de la vigne dans des terres qui auraient dû rester à la culture. Bien que la surface plantée actuellement ne soit supérieure à celle d'autrefois que de 175 hectares environ, il n'en est pas moins exact de constater que divers domaines agricoles, de moyenne culture, ont vu également diminuer leur étendue.

C'est à peine si on compte huit propriétés données à ferme et la plus considérable ne dépasse pas 25 hectares ; dans ce nombre, ajouté aux domaines ayant encore quelque importance et exploités par faire-valoir, se trouvent de belles et intéressantes cultures qui maintiennent la tradition.

Les particularités culturales n'existent pas, en dehors de ce que nous en avons déjà dit. L'assolement quadriennal est généralement adopté, il comporte l'ordre suivant :

1re année..................	Blé
2e —	Trèfle
3e —	Avoine
4e —	Jachère ou plantes sarclées

Dans la petite propriété, qui possède un bétail moins nombreux, et qui a moins d'ampleur dans ces opérations, l'assolement triennal est encore un peu en usage, mais offre une tendance marquée à disparaître ; son roulement ordinaire est celui-ci :

1re année	Blé
2e —	Avoine ou trèfle
3e —	Jachère

Toutes ces cultures ont reçu de nombreuses améliorations depuis une vingtaine d'années, l'emploi des instruments s'est généralisé et ceux-ci se sont perfectionnés. Les charrues tout en métal, d'une force plus grande permettant de remuer le sol plus sûrement, avec la traction des chevaux, donnent des terres meubles, débarrassées des mauvaises herbes, et des mottes par les herses aux dents profondes, et par l'extirpateur.

Le matériel roulant est resté presque le même, sauf quelques améliorations sous le rapport de la solidité, et enfin les machines de toutes sortes ont fait leur apparition dans les cultures depuis le râteau à cheval et le trieur jusqu'au semoir et au coupe-racines.

Pour la rentrée des récoltes, les faucheuses, les moissonneuses-lieuses perfectionnées et les batteuses mises en action par les locomobiles ont remplacé les bras manquants.

Les grosses exploitations en sont pourvues, mais les entrepreneurs de battages, qui parcourent le pays, trouvent, d'une année sur l'autre, des clients assurés dans la moyenne et la petite culture.

De même que la vigne, la culture, devenant intensive, a trouvé dans le perfectionnement des engrais un auxiliaire indispensable au fumier de ferme. Toute la série des engrais, trop connue pour que nous nous y arrêtions est en usage, chacun les emploie et les dose selon la science qu'il possède de ses terres et aussi selon sa bourse, et encore n'en a-t-il pas toujours pour son argent. Le commerce des engrais est celui qui offre le plus de facilités pour tromper l'agriculteur peu éclairé, quand il s'adresse à des fournisseurs encore moins scrupuleux.

Heureusement, d'un côté, l'instruction se répand, et de l'autre le groupement des intérêts a fait surgir les syndicats, et la surveillance des engrais est l'un des principaux bienfaits de celui de Vouvray.

En général, les engrais sont employés pour suppléer à l'insuffisance des fumiers. L'hectare de terre à blé reçoit en moyenne de 20 à

LE VIGNOBLE DE MONCONTOUR.

25.000 kilogrammes de fumier de ferme, 400 kilogrammes de superphosphate 12/14 et de 100 à 200 kilogrammes de sulfate d'ammoniaque à l'automne. Cette préparation est presque toujours complétée par une couverture de printemps de 150 kilogrammes de nitrate de soude.

La coutume qui consistait à ne jamais fumer les avoines tend à disparaître, grâce aux recommandations qui arrivent de toutes parts au cultivateur. Cette erreur persiste encore, mais ne résistera pas, espérons-le, devant les exemples des bons patriciens qui traitent leurs avoines dans les mêmes conditions que leurs blés, ou à peu près.

C'est avec un emploi raisonné des engrais et avec une bonne sélection des variétés de blés, que les agriculteurs peuvent voir passer de 16 ou 18 hectolitres à l'hectare, moyenne ancienne, à 30 ou 35 hectolitres la récolte de blé qu'ils sont en droit d'attendre de leurs terres bien cultivées. Pour cela on abandonne peu à peu le blé bleu dit de Noé pour réserver toutes les faveurs au blé rouge de Bordeaux, qui produit davantage, donne une très bonne farine et ne verse pas facilement, quand il est judicieusement soutenu par un engrais. Il est semé à raison de 2 hectolitres environ par hectare.

Les avoines noire et blanche ordinaires sont les variétés qui donnent de bons résultats ; quant à l'orge, au seigle et au maïs, leur culture est si peu importante qu'elle ne saurait nous arrêter.

La culture des prairies artificielles donnerait d'excellents rendements si le bétail plus abondant en provoquait le développement.

Les prairies naturelles, très rares à Vouvray, fournissent aux cultivateurs le prétexte de rester sur la réserve à l'endroit du bétail qui compose leur cheptel vif. Les prairies basses ne sont pas d'une très grande qualité, et les prés hauts des bords de la Fontaine ne sont pas abondants. Il y aurait certes une amélioration à apporter de ce côté : nous connaissons, en Indre-et-Loire, des prés hauts cultivés spécialement qui ont donné de merveilleux résultats.

Le bétail. — On pourra voir, par les statistiques qui vont suivre, que le bétail entretenu sur les terres de Vouvray constitue la partie faible des exploitations. Le nombre des bètes à cornes, des chevaux, des moutons est tout à fait restreint et pourrait, malgré les conditions médiocres de la culture, recevoir des développements. Les taureaux et les vaches appartiennent presque tous à la race normande, à laquelle se mêlent quelques représentants manceaux ; ils ne participent jamais aux travaux des champs. Les élèves sont produits en petit nombre et ne suffisent pas aux besoins locaux.

Les chevaux qu'on achète à l'état de poulains de un à deux ans, de races bretonne ou percheronne, sont élevés et revendus, alors qu'ils ont atteint de cinq à sept ans, après avoir rendu des services dans la ferme, à côté de la cavalerie attachée au travail journalier Ils sont vendus à des prix qui varient entre 800 et 1.500 francs et constituent ainsi une excellente opération.

Les moutons sont en très petit nombre également, ils viennent surtout du Berry; dans les grosses exploitations, on rencontre quelques Southdown. Les basses-cours offrent une abondante production de volailles de toutes sortes et d'œufs très recherchés pour Paris. Les poules communes du pays sont le résultat des croisements de races mancelles, dites de la Flèche, et des Crèvecœur; on y trouve également de très nombreux représentants purs de cette dernière et de la race de Houdan.

Les grands domaines. — Le plus important domaine compris dans les limites de la commune a été pendant longtemps *la Bellangerie*, situé au nord-ouest, au delà de la Fuye, vers les bois du Plessis. Il comptait, il y a dix ans environ, plus de 100 hectares, était cité comme une ferme modèle ayant eu toutes les consécrations des récompenses officielles. Cet état de prospérité a pris fin; tout en restant une ferme considérable pour le pays, la Bellangerie a vu sa superficie notablement diminuée. D'autres, telles que *la Tranchaudière*, *la Grande-Maison*, sont plus grandes avec leurs 80 hectares chacune.

Au lieu dit *le Châtaignier*, on rencontre trois fermes de chacune 25 hectares; à Pichoury, aux Herbes-Blanches et au Pizoir, les proportions ne sortent pas de celles de la moyenne culture.

Il est une justice à rendre à nos cultivateurs; du petit au grand, selon les degrés de l'échelle, les cultures sont traitées avec soin dans les meilleures conditions que comportent les éléments des connaissances actuelles.

Répartition des cultures. — Depuis l'année 1900, la superficie de la commune de Vouvray n'a pas varié et comprend les 2.291 hectares déjà annoncés, qui se répartissent de la façon suivante entre les diverses natures de terres cultivées, pour trois des dernières années prises comparativement :

	1900 — Hectares	1905 — Hectares	1906 — Hectares
Terres labourables	567	600	608
Prairies naturelles	300	220	220
Herbages	71	54	50
Pâturages	55	45	40
Vignes	900	900	900
Cultures diverses, oseraies. Arbustes en masse, cultures maraîchères	133	210	212
Bois et forêts	80	80	80
Landes et terres incultes	90	90	90
Territoire non compris ci-dessus	95	92	91
Totaux	2.291	2.291	2.291

Pour plus de clarté et de précision, nous résumons le détail des diverses cultures dans les tableaux suivants :

1° *Céréales*	1900 — Hectares	1905 — Hectares	1906 — Hectares
Blé	200	190	200
Seigle	20	25	25
Orge	10	25	25
Avoine	200	190	180

2° *Prairies artificielles et cultures diverses*			
Trèfle	20	35	30
Luzerne	20	20	25
Sainfoin	5	6	5
Betterave fourragère	30	20	20
Fourrages annuels	10	15	40
Pommes de terre	20	30	20
Choux fourragers	5	15	15
Légumes frais	7	3	2
— secs	8	8	6
Rutabagas et navets	12	18	15
Total des cultures	567	600	608

Avec une répartition de cultures comme celle qui précède démontrant l'effort essentiel, presque unique, porté vers les céréales, et l'abandon dans lequel sont laissés les fourrages destinés au bétail, on ne sera pas surpris des chiffres réduits qu'on rencontrera dans le tableau ci-dessous :

BÉTAIL

		1900	1905	1906
Chevaux	de moins de trois ans.	200	50	45
	de plus de trois ans..		210	200
Mulets		2	1	1
Anes		20	30	30
Taureaux		2	2	2
Vaches		270	80	90
Élèves d'un an et plus		20	60	50
— de moins d'un an		20	35	30
Moutons de plus de deux ans		101	125	100
Brebis		150	100	100
Agneaux de moins d'un an		»	50	»
Porcs de plus de six mois		85	100	110
— de moins —		60	80	60
Chèvres		30	50	50

Cultures accessoires. — Depuis de nombreuses années les cultures accessoires, signalées dans le cours des siècles derniers, ont abandonné peu à peu le sol à la culture intensive. L'industrie des vers à soie ayant totalement disparu, la culture des mûriers a été négligée au point de ne plus tenir aucune place. Seules les oseraies, quoique sensiblement amoindries, occupent encore quelques terres basses des bords de la Cisse ; elles ont dû, de même que quelques parties marécageuses, battre en retraite devant les cultures maraîchères ou les plantes sarclées, qui sont de plus en plus envahissantes.

CHAPITRE VII

INSTRUCTION AGRICOLE

Enseignement agricole. — Les moyens d'instruction agricole ayant une portée directe sur la jeunesse ont pour seule origine les écoles communales.

L'école de garçons, très fréquentée, qu'on reconstruit actuellement dans de vastes proportions, et dans des conditions d'hygiène et de confort qui ne laisseront rien à désirer, est dirigée par M. Bardet, auteur d'ouvrages de géographie économique locale très remarqués et qui lui ont valu les plus belles récompenses. Cet instituteur distingué est suppléé dans sa mission par deux adjoints ; c'est un esprit élevé, observateur et précis, versé dans les études scientifiques qui l'ont classé bien au-dessus de ce qu'on est convenu de rencontrer chez l'instituteur. Ses connaissances et ses études l'ont fait attacher comme correspondant du service météorologique d'Indre-et-Loire auquel il fournit régulièrement des observations locales dont on connaît tout le prix.

C'est à lui que nous sommes redevables des renseignements qui nous ont servi pour la rédaction de notre chapitre Ier de cette deuxième partie, en ce qui concerne les observations locales. Au cours de ses classes, M. Bardet donne un enseignement agricole basé souvent sur des démonstrations pratiques ; il prépare les enfants qui lui sont confiés à devenir des agriculteurs et il aura rendu ainsi un véritable service à sa commune.

De son côté, Mlle Bessé, directrice de l'école de filles, poursuit auprès des futures ménagères les leçons qui doivent en faire des auxiliaires précieux.

En dehors de l'école, les renseignements ne sont pas ménagés par M. Martin, professeur départemental d'agriculture, qui continue avec zèle l'œuvre de son prédécesseur. Plusieurs fois par an, des conférences sont faites par lui à Vouvray, sur les questions les plus actuelles.

Les diverses sociétés départementales, par leurs publications, répandent les notions nécessaires sur les meilleurs procédés de culture, l'affinité et la résistance des cépages américains, les moyens de défense contre les maladies de la vigne, les espèces nouvelles de semences, l'amélioration du bétail, etc.

Des champs d'expériences ont été organisés surtout au début de la reconstitution; l'initiative privée a eu, en cette circonstance, par l'intervention de la Société d'Agriculture, Sciences, Arts et Belles-Lettres d'Indre-et-Loire, un rôle important, et il nous faut encore citer ici M. Ch. Vavasseur, du château des Bidaudières, qui n'a jamais manqué à toutes les innovations, à toutes les initiatives.

En 1905, c'est au château des Bidaudières, que, sous les auspices de la Société d'Agriculture, avaient lieu comparativement des expériences de tir contre la grêle avec tous les engins connus à ce jour.

Dans ces conditions, la routine a disparu presque totalement dans les pratiques anciennes; l'amélioration des procédés, l'élargissement de l'esprit d'observation et du raisonnement ont conduit le cultivateur vers un état de progrès indéniable.

CHAPITRE VIII

INDUSTRIES RURALES

Industrie. — L'industrie d'une commune presque uniquement viticole ne peut être considérable ou avoir un caractère particulier, surtout quand on ne tire pas parti, comme dans le Midi par exemple, d'une série de sous-produits tels que le tartre, les marcs, les lies, la fabrication des foudres, des transports, etc.

La futaille locale, le fût de Touraine de 250 litres relié tout entier en cercles de châtaignier, n'est pas exclusivement fabriqué à Vouvray ; la crise des vins a provoqué la crise de la tonnellerie et, les ouvriers manquant, le pays est tributaire des autres communes du Cher ou de la Loire, pour le logement de ses vins en fûts d'origine.

Commerce. — En ce qui concerne les céréales, la commune n'offre rien de spécial ni même d'important, les transactions se font comme partout et les denrées sont enlevées par des marchands de Tours ou des environs, mais toujours étrangers à la commune.

Le commerce en gros des vins de Vouvray a été de tous temps, au contraire, très considérable ; au XVIIIe siècle, il atteignait de 4 à 500.000 livres ; aujourd'hui il varie dans son ensemble de 1.500.000 à 2.000.000 de francs. De grosses maisons ont réalisé des fortunes importantes au cours du XIXe siècle ; mais, depuis dix ans, le négoce s'est montré de moins en moins favorisé et la spéculation a été rendue fort difficile.

Le négociant en gros s'est vu mettre de côté par le consommateur qui donne ses préférences au courtier comme intermédiaire ; de cette conception nouvelle, résultat certain de la tendance moderne, le commissionnaire et le courtier en vins ont gagné ce que le négociant a perdu.

Plus que jamais, en présence des fraudes évidentes sur quelques points de la Touraine, mais injustifiées sur d'autres, le consommateur veut recevoir son vin de provenance directe de la propriété. Le courtier, dont le rôle se borne à provoquer la transaction, à assurer la bonne livraison et le paiement, reçoit une simple rétribution de 1 franc par pièce quand il s'agit d'une affaire de gros, ou de 5 francs s'il s'agit de la vente d'une ou de quelques pièces isolées ; à ce courtage viennent s'ajouter 0 fr. 50 pour le soutirage du vin lors de la livraison.

Le commissionnaire en vins occupe une situation du même genre, mais qui tient davantage le milieu entre le courtier et le négociant en gros. Il traite généralement de plus grosses affaires, ne vend pas par petites quantités, il rayonne même sur des vignobles de natures diverses, il fait du forfait pour son propre compte, et met aussi souvent la main dans le domaine de la spéculation.

Sa rétribution est généralement calculée à 1 franc par hectolitre de vin livré, auquel prix s'ajoutent les frais de soutirage (0 fr. 50) et de transport par voiture de la propriété en gare de départ (environ 0 fr. 25 du kilomètre).

Les courtiers et les commissionnaires suivent assidûment les marchés de la région et de Tours ; chaque samedi ils s'y rencontrent avec les vendeurs et les acheteurs et ébauchent leurs affaires qui se terminent sur place. Nous verrons plus loin les chiffres des récoltes dernières, nous pourrions en déduire l'importance des affaires commerciales si on songe que, chaque année, les 2/3 de la récolte passent par les mains des intermédiaires, pour les destinations de Paris, la Belgique et la région du Nord de la France.

CHAPITRE IX

SALAIRES ET MAIN-D'ŒUVRE

Rareté de la main-d'œuvre. — Salaires en argent. — Il résulte de ce qui a été exposé jusqu'ici que la population de Vouvray est composée de trois classes bien distinctes : les riches propriétaires qui font régir leur propriété ou la dirigent eux-mêmes ; ceux qui l'exploitent par leur travail personnel, aidés des membres de leur famille et de domestiques ou journaliers, selon leur importance, et, enfin, les petits propriétaires qui n'ont pas assez de bien pour occuper leurs bras toute l'année et qui sont assimilés, comme situation, aux journaliers ne possédant rien.

Cette dernière catégorie est celle que nous devons approfondir, c'est elle qui fournit essentiellement l'ouvrier agricole, soit que le chef de famille reste ouvrier, soit que ses enfants, placés en domesticité dès leur jeune âge viennent eux-mêmes grossir le nombre des travailleurs, disons le mot propre, des prolétaires.

Alors que le propriétaire, même d'un simple lopin de terre, lui reste attaché par sa condition et par son intérêt de façon indissoluble, l'ouvrier reste libre de s'employer, là ou là, à son gré. Il va où son intérêt le guide, où ses goûts, développés par sa nature, le poussent plus particulièrement.

C'est alors qu'interviennent des causes extérieures : l'attrait des villes, le désir de gains imaginaires souvent, avec une somme de travail moindre. Bien des jeunes gens et des filles obéissent à cette tentation, surtout aux portes d'une ville comme Tours, et quittent les labeurs de la campagne pour la domesticité dans la ville.

Il en résulte la rareté de la main-d'œuvre, l'extrême difficulté du recrutement des domestiques et des journaliers et, par contre-coup, l'élévation des prix.

La main-d'œuvre est donc plutôt rare à Vouvray ; quand un faisant-valoir désire un domestique, il est souvent obligé de le rechercher en dehors de la commune, les journaliers se trouvent sur place en nombre à peu près suffisant.

Les domestiques vignerons ou laboureurs se paient, selon leurs aptitudes, de 4 à 600 francs par an, nourris et logés; les filles de ferme ou de basse-cour demandent 250 ou 300 francs. Le prix des journées de travail varie selon les saisons : pour les hommes, il est de 3 francs en hiver et de 4 francs en été, et de 3 fr. 50 en demi-saison; les femmes se paient 1 fr. 50 en hiver, 2 francs en été et 1 fr. 75 au printemps et à l'automne; hommes et femmes dans ces conditions se nourrissent eux-mêmes.

Il existe encore une autre catégorie de vignerons qui ne sont ni les domestiques dont nous venons de parler, ni le closier si répandu dans nos contrées.

L'homme est engagé à l'année à la disposition du patron pour tous travaux, il n'est ni logé, ni nourri, et reçoit un traitement de 85 francs par mois.

Les femmes ne vont guère en journée que pour les façons des vignes que la coutume leur réserve, telles que les accolages et le sarmentage; dans les fermes, on n'emploie jamais de journalières, sauf pour les besognes spéciales comme la lessive ou le remplacement de domestiques empêchés pour le service de la basse-cour. Elles gagnent ordinairement 1 fr. 25 nourries, ou 2 fr. 50 non nourries; il est de coutume qu'un litre de vin par jour accompagne chaque homme de journée.

Les patrons qui ont besoin d'un supplément de charrois ou de labours, pour un travail imprévu ou pressé, ont recours au petit propriétaire qui se loue avec son cheval et son équipage à la journée; dans ce cas, le prix est de 12 francs non nourri.

La reconstitution du vignoble a donné lieu à des travaux inconnus avant cette époque de ruine. Les treuils et les charrues à vapeur défoncèrent et retournèrent les terrains où les vignes centenaires avaient envahi le sol et épuisé ses principes nourriciers. Cette opération était faite par des entrepreneurs de défoncements, au prix de 300 à 500 francs l'hectare. Il y en avait même qui entreprenaient la plantation des vignes, et leur établissement total pour une somme de 2 à 3.000 francs l'hectare selon la conscience des entrepreneurs. Les plants greffés et racinés valaient jusqu'à 250 francs le mille, leur valeur a baissé depuis au-dessous de 100 francs; elle est nulle aujourd'hui.

Il convient de dire que ces entreprises n'ont jamais eu de faveur qu'auprès des propriétaires forains qui ne pouvaient s'occuper directement de la replantation de leur vigne. Il y a eu des entrepreneurs consciencieux, dont les travaux ont donné satisfaction; mais, dans un grand nombre de cas, ils ont provoqué des regrets et des déceptions. Des fournisseurs de plants désireux d'écouler les racinés de deuxième et de troisième choix, greffés souvent sur des américains inférieurs, s'arrangeaient pour donner au vignoble nouvellement planté un aspect satisfaisant jusqu'à la troisième année, c'est-à-dire jusqu'à la fin de leur garantie, sans préoccupation scrupuleuse de l'avenir. Il y a eu des déboires, mais les erreurs ont été réparées et le vignoble, qui prendra bientôt sa vingtième année, se présente dans des conditions très favorables comme végétation.

Les propriétaires ayant administré eux-mêmes leur domaine, ou ceux qui l'ont travaillé de leurs mains, ont obtenu des avantages sérieux, et sur la qualité des fournitures, et sur le prix de revient.

Dans les closeries dont nous avons parlé, des conditions spéciales ont donné cours à des prix particuliers proportionnés au travail à fournir.

Le vigneron closier doit faire toutes les façons fondamentales de la culture, moins les traitements soufrés ou cupriques qui se font à la journée; il prend la vigne après la vendange et doit généralement avoir terminé ses façons au 15 juillet. Cependant les soins excessifs qu'on donne aujourd'hui à la vigne demandent des parages et des écimages pendant l'été; des conditions spéciales règlent ces conventions. Dans le sens courant et ordinaire donné à la closerie, le prix est de 250 francs par hectare ; le closier et sa famille sont logés sur la propriété, il dispose d'une portion de jardin et a droit à la moitié des sarments et au marc du raisin après le pressurage.

Dans les conditions du closier, aucun travail de reconstitution n'était compris ; la confection des greffes se faisait par des greffeurs diplômés, à raison de 5 et 8 francs par jour, et la mise en pépinière par les journaliers à 4 francs ; les femmes, au prix ordinaire, étaient employées pour la préparation des sarments et la ligature des greffes. Il y a eu même des femmes, dont les mains habiles et délicates confectionnaient la greffe mieux que certains hommes et se faisaient ainsi des journées de 4 francs.

En attendant la période des vendanges, c'est-à-dire pendant les mois d'août et de septembre, les journaliers utilisent leurs bras en s'enrôlant dans les compagnies de battages, qui, nomades pendant cette saison, parcourent la région, de ferme en ferme, pour battre les récoltes à la vapeur. Ils retirent ainsi un salaire de 2 à 4 francs selon les aptitudes, la nourriture en plus, fournie par celui qui fait battre son blé.

A cette occasion, des échanges de main-d'œuvre ont lieu entre cultivateurs du voisinage : ils s'entr'aident et se rendent mutuellement le temps qu'ils passent l'un chez l'autre.

La fin de septembre ou d'octobre arrivée, les femmes, les enfants, les vieillards viennent, comme coupeurs, donner leur concours pour la cueillette.

Dans les années d'abondance, il est de la plus grande difficulté de constituer des compagnies nombreuses ; et même cette année, où la récolte sera des plus réduites, les propriétaires ne sont pas sans inquiétudes. Il leur faut faire appel aux populations faubouriennes de Tours, aux habitants des plateaux du nord du département, dans lesquels se mêlent, malgré une surveillance active, des gens que la morale et le travail ne recommandent pas.

La tradition veut que les vendangeurs soient nourris par le propriétaire ; mais, dans les grands vignobles, cette coutume tend heureusement à disparaître.

Il est d'autres communes où il serait impossible de trouver des vendangeurs, le jour où le propriétaire déclarerait qu'il ne veut plus les nourrir, quoique les payant plus cher. La vendange est une occasion de manger et de boire à ventre déboutonné, ces gens savent qu'ils sont indispensables, ils imposent leur volonté, et le propriétaire s'incline s'il ne veut pas laisser ses raisins sur les souches.

Toutes ces circonstances déterminent l'augmentation des salaires ; autrefois, on payait les porteurs 2 fr. 50 et les coupeurs 1 fr. 25, nourriture en plus ; depuis 1904, où une grève faillit éclater, les salaires ont été portés à 3 francs pour les hotteurs et 1 fr. 50 pour les coupeurs. Le vin, inutile de le dire, coule à flots non comptés, et cette population montre des exigences pour les ordinaires, demande le café, et impose le festin final dit *berlot*, où les appétits se donnent libre cours.

Dans les fermes pour l'exploitation des cultures et du bétail, il en est de même, le personnel est fixe et les journaliers ne sont employés que quand les travaux pressent et seulement à de certains moments.

On n'y rencontre jamais de travaux à l'entreprise, sauf quelquefois cependant pour la coupe des récoltes. Les prix sont débattus selon les difficultés du travail et varient ainsi pour les prairies artificielles et les foins, de 8 à 10 francs par hectare. Quant aux blés et avoines, les coupes sont presque toutes faites par les moissonneuses, sauf pour la toute petite propriété que le détenteur travaille lui-même; les prix ne sont donc établis que de façon occasionnelle.

Dans les fermes comme dans les vignobles, la paie des domestiques à l'année se fait au mois, les ouvriers sont payés à la semaine et pour les closiers les paiements ont lieu deux fois par an à la Saint-Jean (24 juin) et à la Saint-Michel (24 septembre) pour le réglement définitif, car il arrive souvent que des acomptes sont sollicités dans le cours du semestre.

Il est aisé de déduire de cet état de choses les conditions qui sont faites, aux uns et aux autres, par la vie moderne des exploitations. Le propriétaire ou fermier, d'un côté, ne trouve pas facilement à faire exécuter ses travaux, il voit l'augmentation des salaires gonfler outre mesure son prix de revient et, sauf pour les blés qui sont prospères en ce moment, constate aussi la baisse de son prix de vente. D'autre part, le domestique se plaint de l'excès du travail, alors qu'il ne fournit plus que des journées de 8 heures en hiver et de 10 heures en été, que trois repas diminuent encore; il a l'esprit faussé par des théories alléchantes qu'il reçoit des villes, et, mécontent à son tour, il déserte la campagne. Cette constatation ne saurait être mise en doute, le jeu des chiffres des derniers recensements nous montre que la population de Vouvray augmente, puisqu'elle a une différence en plus de 65 habitants pour 1906, mais il nous apprend aussi, en regardant au fond des choses, que cette augmentation est due à des entrées de propriétaires ou de commerçants, et masque une perte plus importante encore sur le chiffre des travailleurs agricoles.

Les ouvriers des champs, sur lesquels reposent la sécurité et la production de nos richesses naturelles, reviendront-ils ? Nous ne le croyons pas. Les hommes qui ont goûté à la vie amollissante des grands centres et qui ont perdu l'habitude de manier la charrue ou le sécateur, n'ont plus la robuste constitution de corps et l'esprit nécessaire à la vie rurale, ils n'ont plus assez de sagesse et n'ont rien vaincu pour devenir des Cincinnatus.

CHAPITRE X

CONDITION DU PERSONNEL

Les propriétaires et les ouvriers. — S'il est juste de signaler les tendances de la classe des ouvriers qui suscite de si grandes difficultés aux exploitants, ceux-ci, de leur côté, ont-ils bien fait tout ce qu'ils devaient, et n'ont-ils pas une part de responsabilité dans la situation moderne qui leur est faite ?

Parmi les détenteurs du sol, deux classes sont à distinguer : ceux qui occupent des situations officielles libérales ou commerciales, et que leur travail retient loin de leurs propriétés, et ceux qui ont une vie oisive, toute de jouissances, n'habitant leur château ou leur villa que d'une façon passagère, rapide, alors qu'il est agréable de se rendre à la campagne.

Des premiers nous ne dirons rien, ils font diriger leurs propriétés par un régisseur ou confient la direction des cultures à un fermier ou à un chef vigneron ; ils ne peuvent faire autrement.

Mais il n'en est pas de même des seconds. Le personnel qu'ils paient ne les voit jamais que pour jouir de ce que la terre offre de joyeux et de plaisant ; il ne les a jamais vus partager leur vie, donner l'exemple de l'activité et de la volonté, ou prendre leur part des rudes luttes que procure la vie des champs.

Sur cet état d'esprit le souffle des théories égalitaires et socialistes a passé ; quoi d'étonnant que la nature fruste du paysan ait senti croître en elle le sentiment de la jalousie, qu'elle ait fait des comparaisons, et qu'à son tour elle se sente détachée du sol qu'elle doit féconder ?

N'exagérons rien. Nous vivons en des temps où les salariés doivent, certes, le respect de celui qui les fait vivre en leur procurant du travail, mais où celui-ci doit les considérer comme des collaborateurs et doit leur donner une part d'estime proportionnée à leurs efforts et à leurs mérites.

Ce sentiment existe, à l'état latent, chez quelques grands propriétaires, mais surtout chez le moyen et le petit possesseurs du sol envers l'ouvrier, par suite de la vie plus fréquente, plus commune de tous les jours.

Un petit nombre d'entre eux ont leur résidence à Tours pour les quartiers d'hiver, les autres sont sédentaires, ont une habitation confortable et n'abandonnent jamais la barre de la barque qu'ils gouvernent.

Les habitations. — En dehors des châteaux et des maisons dites « bourgeoises » où le luxe est grand et la vie très large, avec une domesticité nombreuse, chevaux, voitures et automobiles, les habitations de second ordre ont un aspect confortable, rajeuni, sobre de choses superflues ; les perfectionnements intérieurs y pénètrent peu à peu, et le goût s'améliore là où il y a quelque contact avec la ville.

La masse de la population est réunie, comme nous l'avons déjà dit, dans l'agglomération où, en général, les maisons ont été construites dans le seul but d'être utilisables pour le commerce ou l'industrie de ceux qui les occupent. Les murs sont blancs, construits avec la pierre tendre dite de *Bourré* et les toits couverts en ardoises. Tout au bas de la côte, et dans les vallées secondaires, au long du rocher, s'espaçant entre les grosses propriétés, se loge tout une classe de travailleurs et de petits propriétaires. Certains d'entre eux habitent encore dans le rocher, dans ces caves où des générations ont passé.

Peu à peu les classes nouvelles quittent ces logements qui semblent arriérés, la vie sort de ce roc, et s'étage sur les pentes. Mais aussi à côté, se dressent les détestables échantillons d'une architecture bâtarde, qui veut être le « nouveau style » et qui n'est qu'une fantaisie sans goût, sans joliesse et criarde. Pour une villa bien bâtie, aménagée selon les lois modernes, avec de grandes baies pour fenêtres, des lucarnes et des toits pittoresques, des balcons enguirlandés, on rencontre des légions de chalets et de constructions maladroites dues surtout, hâtons-nous de le dire, au caprice malheureux des petits citadins de Tours. Il est juste aussi de spécifier que ces spécimens d'un genre déplorable s'échelonnent surtout au long de la route entre Tours et Vouvray.

Dans les fermes des plateaux, à côté du logis de maître qui affecte la forme banale des propriétés campagnardes, s'étendent, rasant terre, avec de petits murs et de grands toits, les bâtiments des exploitations et les logements des fermiers qui attendent une reconstruction plus moderne. Quelques-uns sont entrés déjà dans cette voie, on remarque, çà et là, des granges ou des écuries neuves, toutes blanches au soleil, ou les foins sont en sécurité, où les bestiaux respirent librement, où les cours sont plus saines et où des fosses recueillent le purin sans qu'il séjourne, à l'air libre, ou qu'il se perde dans les chemins.

Dans ces intérieurs, soit de fermiers, soit de vignerons, le logis se compose de la salle où mangent les maîtres et le personnel ; souvent dans les familles nombreuses, un lit se rencontre dans un angle; une porte communique dans la chambre où couchent les filles ou les ancêtres. Les filles domestiques sont souvent reléguées dans des cabinets ou dans des parties de greniers mansardés et les garçons gîtent dans les écuries, dans des sortes de placards boisés où se trouvent de mauvais matelas. L'habitation des domestiques demanderait certes, à être améliorée, la garde des animaux peut se faire aussi efficacement d'une pièce voisine où un lit convenable pourrait être aménagé.

L'exemple est d'ailleurs donné par les grandes exploitations où le personnel est mieux installé et de façon plus hygiénique ; dans la masse des petits propriétaires, cette amélioration ne sera obtenue qu'avec la disparition lente des vieux bâtiments.

La nourriture, le vêtement. — Les conditions de l'alimentation à Vouvray procèdent de deux éléments principaux la partie que se procurent les cultivateurs eux-mêmes par leur travail et celle qu'ils doivent prélever sur le salaire.

Il n'est pas un petit propriétaire, ni même de journalier en passe de le devenir, qui n'ait un petit jardin situé dans une vallée, aux approches du bourg, ou près de l'exploitation du maître. Là il cultive les légumes, les haricots, les pommes de terre et élève les volailles qui alimenteront le ménage. Quand la situation le permet, que quelque culture est jointe à la vigne ou inversement, le lait, le porc, le blé porté pour le moudre aux meuniers des environs, et fourni au boulanger en échange de pain, constituent une partie de la nourriture journalière.

La coutume de faire le pain a, pour ainsi dire, disparu totalement des campagnes où la boulangerie coopérative « la Ruche » et les boulangers du pays distribuent chaque jour le pain frais à des prix avantageux qui rendent inutile la fabrication ménagère. L'industrie privée des fromages de chèvre et le porc frais ou salé fournissent les éléments principaux des repas du matin et des collations prises aux champs, tandis que ceux du midi ou du soir, où la soupe aux légumes et le pot-au-feu une fois la semaine sont de rigueur, demeurent plus substantiels et nécessitent le concours de la boucherie.

Le premier repas et la collation de quatre heures dans les grands jours voient couler les petits vins blancs pétillants et frais qui animent les « casse-croûte » très connus dans le pays.

L'alimentation des classes ouvrières et des petits propriétaires s'est considérablement modifiée depuis vingt ans. L'élévation des salaires exigés maintenant par des réclamations continuelles, au lieu de profiter à l'ouvrier et de passer dans l'armoire sous forme d'économies, sert au contraire à apporter une amélioration à l'ordinaire. Il est juste, en effet, qu'une portion de bien-être pénètre dans ces masses laborieuses; mais n'y a-t-il pas une limite? et le patron, qui ne peut plus boucler son budget, doit-il seul en faire les frais?

VOUVRILLONNE.

Ce désir de jouissances est exagéré dans les classes pauvres, par envie des autres, et des mets qui étaient considérés autrefois comme un luxe, tels que la viande fine de boucherie, le gibier, les huîtres, le café, sont devenus d'un usage courant. Il n'y a pas de halle à Vouvray, les marchés, les marchands forains et les poissonniers de toutes sortes complètent le commerce ordinaire.

Que dire du vêtement local, sinon qu'il est disparu ou sur le point de l'être totalement?

Le petit bonnet tuyauté et brodé, si gracieux et si coquet, n'a presque plus de partisantes parmi les jeunes filles, qui préfèrent s'empanacher de chapeaux à la mode nouvelle. Les robes et les manteaux sont quelconques, plus ou moins riches selon le rang, inspirés de la forme du jour. Ils sont moins simples qu'autrefois, ont moins de grâce, et la nature si fine de la Vouvrillonne, si svelte, à la taille si souple, au corsage si bien rempli, au port fier, et aux traits du visage si bien tracés par un charme piquant, ne gagne rien à cette évolution moderne du costume.

Quant aux hommes que, pour les dimanches, les grandes maisons de confections ont tous coulés dans le même moule et les mêmes nuances, remplis d'exécrable banalité, ils ne sont réellement les fils de leurs ancêtres que quand ils portent leurs hottes d'osier, ou qu'ils tiennent les bras de leur charrue, le cou découvert par la chemise qui s'entr'ouvre, le grand chapeau sur la nuque, l'air braves gens, le sourire accueillant, l'allure gaillarde et gaie qui leur vient de la race primitive.

CHAPITRE XI

RÉSULTATS ÉCONOMIQUES

Rendement des produits du sol. — Arrivé à cette importante question, nous nous efforcerons de fixer, d'une façon aussi exacte que possible, l'évaluation des récoltes, en professant la prudence qui convient envers les statistiques officielles. De tous temps elles ont eu une tendance à ne pas être l'expression complète de la vérité, parce que, d'une part, elles ne sont pas toujours établies avec le soin désirable, et que, d'autre part, ceux qui en ont la charge sont souvent victimes d'un manque de sincérité de la part des déclarants.

Nous aurons donc recours plus spécialement aux renseignements pratiques, dussions-nous parfois nous trouver en désaccord avec les chiffres officiels.

La vigne. — Le vignoble de Vouvray produisant surtout des vins de qualité et de prix, nous ne devons pas nous attendre à de gros rendements en hectolitres, la base productive résidant surtout dans le prix de vente. Il est reconnu, en viticulture, que les rendements sont en raison inverse de la qualité, ce principe est observé par la grande majorité des producteurs, leurs efforts ne tendent donc pas, surtout dans les grands crus, à rentrer de grandes quantités de vins.

Pour les autres, ceux qui, situés en arrière-côte, ne peuvent songer à rivaliser avec les premiers crus, une taille plus ou moins généreuse, l'emploi d'engrais plus ou moins actifs, et la plantation de cépages plus ou moins abondants, amènent des différences sensibles de rendement pour des surfaces égales.

Ces remarques étant posées, nous n'aurons pas à nous en préoccuper davantage, et nous baserons nos chiffres sur la moyenne à l'hectare, quelle que soit la qualité des produits.

Ce rendement se répartit ainsi qu'il suit pour la période de 1900 à 1906.

RENDEMENT DES VIGNES

ANNÉES	VIGNES BLANCHES					VIGNES ROUGES					SURFACE TOTALE DES VIGNES EN RAPPORT	SURFACE TOTALE DES PLANTES	SURFACE TOTALE PLANTÉE	PRODUIT GÉNÉRAL DE LA COMMUNE
	SURFACE EN PRODUCTION	SURFACE DES PLANTES	SURFACE TOTALE	RENDEMENT A L'HECTARE	RENDEMENT TOTAL	SURFACE EN PRODUCTION	SURFACE DES PLANTES	SURFACE TOTALE	RENDEMENT A L'HECTARE	RENDEMENT TOTAL				
1900	570ha	285ha	855ha	40hl	22.800hl	30ha	15ha	45ha	35hl	1.050hl	600ha	300ha	900ha	23.850hl
1901	630	225	855	50	31.500	30	15	45	40	1.200	660	240	900	32.700
1902	710	145	855	25	17.750	35	10	45	20	700	745	155	900	18.450
1903	775	80	855	15	11.625	40	5	45	8	320	815	85	900	11.945
1904	800	55	855	75	60.000	45	»	45	60	2.700	845	55	900	62.700
1905	853	Raisin de table 2ha	855	35	29.855	45	»	45	25	1.125	898	2	900	30.980
1906	854	Raisin de table 1ha	855	45	38.430	45	»	45	35	1.575	899	1	900	40.005

Avec les chiffres ci-dessus, que nous calculons selon la production exacte sortie des vignes, par des renseignements pris sur place, sans nous occuper de ce qu'elle est devenue après la cueillette — soit qu'une partie ait été sortie de la commune avant vinification, par le commerce, soit que cette vinification ait été faite par des propriétaires sur les communes voisines — nous sommes à peu près certain de nous trouver en face du chiffre total d'hectolitres produits par le sol.

Il est évident que les chiffres fournis par les contributions indirectes, pour les sorties officielles, ne peuvent donner, ni les évalutions de la consommation sur place, ni celles du coulage, ni celles, plus mystérieuses encore, des quantités qui, parfois circulent..... sans que l'Administration en ait connaissance, ni des stocks qui restent dans les caves, ni des vins tarés, ni des vins vieux qui se glissent dans la circulation. Nous les négligeons donc avec intention.

Nous ne pouvons pas davantage nous baser sur les déclarations de récolte des propriétaires qui, dans un grand nombre de cas, ne sont pas sincères. On peut remarquer que, depuis l'année 1900, la surface plantée reste la même et marque la fin de l'engoûment de la reconstitution; la production va en augmentant chaque année de la portion de plantes qui entrent en rapport et on peut considérer qu'à l'heure actuelle le vignoble de Vouvray est en pleine production depuis déjà deux ou trois ans (1907).

En observant l'ensemble des récoltes depuis 1900, nous pouvons accepter le chiffre de 31.520 hectolitres comme rendement moyen et annuel.

Enfin, en rapprochant ces données de celles que nous avons fait connaître dans le chapitre III de notre première partie, on doit conclure : 1° que la surface plantée actuellement en vignes est plus grande que celle en production au cours de la période prospère du XIXe siècle ; 2° que le rendement moyen à l'hectare est sensiblement plus élevé, et passe de 21 hectolitres en 1860 à 40 hectolitres pour la période de 1900 à 1906.

De ces deux éléments réunis, nous devons reconnaître une augmentation de production dont nous ferons état dans nos conclusions à la fin de ce chapitre.

Prix de revient. — Quoique cette assertion paraisse étrange au premier abord, c'est une vérité de dire que les frais d'exploitation de la petite culture sont moindres que ceux de la grande. Il semble, en effet, que le prix de revient d'un domaine d'une certaine étendue doit diminuer à mesure que croît la surface.

Ce serait exact si l'on ne considérait que l'achat en gros des engrais, matières et objets nécessaires — et encore faut-il reconnaître que les syndicats procurent désormais les mêmes bénéfices à tous; — mais, si l'on envisage la main-d'œuvre, l'avantage revient au petit vigneron par l'économie qu'il réalise en travaillant de ses propres bras, par la longueur des journées qu'il se fournit à lui-même, par la conscience qu'il apporte à sa besogne, qui est à l'abri des grèves et des élévations de salaires.

De ces déductions, il faut donc admettre deux prix de revient — celui de l'exploitant et celui du faisant-valoir familial.

Pour ce dernier mode, les frais se décomptent ainsi qu'il suit pour un hectare de vignes sans y comprendre le travail personnel du propriétaire.

Part de loyer	50 fr.
Impositions	20
Intérêts du prix de la terre à 4 0/0 (2.000 fr.)	80
Intérêts des frais de plantation (500 fr.)	20
Amortissement en dix ans	50
Amortissement de la non-production de trois premières années	66
Sulfate de cuivre et chaux (trois pulvérisations)	25
Un soufrage	15
Fumure tous les quatre ans (200 fr.), soit	50
Frais de vendanges (journées en supplément)	25
16 fûts à 10 francs	160
Menus frais divers	25
TOTAL	586 fr.

Dans une aussi petite culture il est difficile d'évaluer autrement que comme il précède les frais de plantation d'un hectare de vignes.

Tout, en dehors de quelques menus achats, depuis le défoncement du sol, la confection de greffes et de racinés, leur mise en place, leur fumure, leurs soins pendant trois ans après plantation, de même que la pose des échalas et des fils de fer, ne représente qu'une somme de temps passé dont nous avons indiqué l'amortissement. Il en est de même de la non-production pendant les trois premières années; on peut donc prendre pour base les chiffres qui précèdent, en considérant que le bénéfice que donnera la récolte sera la rétribution du travail et du temps passé par le vigneron.

Les conditions sont toutes différentes pour la grande culture, et c'est là que l'étude du prix de revient est captivante, puisqu'elle intéresse ceux qui, disposant des grands domaines, sont en butte aux difficultés de la culture moderne.

Supposons une propriété de vignes blanches, en premier cru, et voyons, par le détail ci-dessous, son prix de revient d'exploitation à l'hectare.

FRAIS DE RECONSTITUTION

Ameublissement de la terre et culture préparatoire de vesce ou de pois lupin pour enfouir en vert..........	50 fr.
Défoncement	300
Creusement des cassettes, façon de fumure, plantation.	60
Achats de plants (6.000 à 150 francs le mille)	900
Fumier (30 mètres cubes à 5 francs)...................	150
Pieux des bouts de rangs et piquets intermédiaires.....	200
Fils de fer à trois rangs	100
Façons pendant trois ans.............................	300
Remplacements et déracinage des greffons pendant trois ans..	60
Intérêts du prix de la terre (3.000 à 4 p. 0/0)...........	120
Intérêts des avances d'établissement..................	90
TOTAL	2.330 fr.

Il n'est pas de coutume à Vouvray de hâter la production à la troisième année ; on pense, avec juste raison, qu'il ne faut demander une récolte qu'à la quatrième année. Celle qui vient d'elle-même à la troisième représente, à peu près, les frais de culture de l'année et n'entre pas en ligne de compte.

Pour rester dans la vérité, nous allons donner ci-dessous un état des frais annuels d'exploitation, pour un vignoble d'une étendue de 5 hectares, qu'un vigneron à l'année peut cultiver, aidé de quelques journaliers à de certains moments de l'année.

FRAIS ANNUELS DE CULTURE D'UN DOMAINE DE 5 HECTARES

Gages annuels d'un domestique laboureur, vigneron, nourriture comprise (comprenant les quatre façons régulières plus des hersages selon les besoins).........	1.000 fr.
Dépense d'un cheval..................................	730
Le sarmentage se fait pour la moitié du bois.	
Entretien des piquets et fils de fer.....................	30
Journées supplémentaires pour accolages et rognages...	75
Achat de soufre pour deux traitements................	100
Achat de sulfate de cuivre pour trois traitements.......	150
Supplément pour parages à la main entre rangs........	150
A reporter...........	2.235 fr.

Report...........	2.235 fr.
Fumure (par quart, façon comprise) ou engrais........	350
Frais de vendange..................................	470
Vinification.......................................	150
Soutirages...	100
Achat de fûts (100 à 10 francs l'un)..................	1.000
Impositions..	175
Intérêts du capital de reconstitution (2.330 francs à 4 0/0)	93 20
Amortissement du capital de reconstitution en dix ans.	233 30
Assurances, incendie et accidents.....................	30
Entretien des bâtiments et du matériel	150
Amortissement du matériel............................	200
Total........................	5.186 50

Si nous divisons ce total par le nombre d'hectares de ce domaine moyen de faire-valoir patronal, nous obtenons le chiffre de 1.037 francs comme prix de revient à l'hectare au seuil de la quatrième année de plantation, c'est-à-dire d'entrée en production appréciable.

Prix de vente. — Prenons maintenant la contre-partie de ce qui précède et ouvrons le chapitre des recettes.

Un état des cours depuis l'année 1900 va nous donner la base du prix des vins après la reconstitution.

ÉTAT DES COURS MOYENS DES VINS

ANNÉE DE LA RÉCOLTE	VINS BLANCS						VINS ROUGES	
	GRANDS CRUS		VINS COURANTS		ORDINAIRES		VINS COURANTS	
	les 250 l. nus	l'hect. nu	les 250 l. nus	l'hect. nu	les 250 l. nus	l'hect. nu	les 250 l. nus	l'hectol. nu
	francs	francs	francs	francs	francs	francs	francs	francs
1900	200	80	80	32	70	28	50	20
1901	150	60	75	30	65	26	40	16
1902	100	40	60	24	50	20	30	12
1903	100	40	50	20	50	20	30	12
1904	200	80	95	38	75	30	60	24
1905	»	»	60	24	40	16	30	12
1906	200	80	45	18	40	16	35	14

L'année 1900, qui a été abondante pour les vignes en rapport, a été également remarquable pour sa qualité digne de rivaliser avec 1895; les grands crus ont fourni des vins de premier ordre qui ont atteint les grands prix. De 1901 à 1903 y compris, il n'a été permis de compter que des années moyennes comme qualité ; 1904 a été un peu supérieur ; 1905 franchement médiocre, au point que les premiers crus n'ont pu coter leurs hauts prix, et enfin 1906 dont les vins ont surpassé ceux de 1900, en s'approchant sensiblement de ceux de 1895. La quantité a été assez restreinte, elle ne s'est pas éloignée de la moyenne, mais les cours, qui avaient fléchi progressivement depuis 1900, se sont pour ainsi dire effondrés.

Jusqu'ici nous avons entendu parler des vins blancs, les rouges n'ont qu'une faible importance; tout en n'offrant qu'une qualité moyenne, depuis la reconstitution, qui a mis les côts de côté dans une notable proportion, pour lui préférer les groslots promettant un plus grand rendement, ils ont suivi la proportion des cours et n'ont pas donné un prix suffisamment rémunérateur pour le vigneron.

Comparaison du prix de revient, du prix de vente et du rendement. — D'après les chiffres donnés dans les trois derniers sous-chapitres que nous résumons ici, nous obtenons une moyenne de prix de vente que les Vouvrillons considèrent comme désastreuse. Un observateur étranger au pays pourrait se montrer surpris de ces plaintes, en comparant nos cours à ceux qui ont été pratiqués dans le Midi, en 1905 et 1906. Pour bien saisir la situation des deux vignobles, qui ne peuvent être comparés, il faut tenir compte que le Midi est un pays de très grand rendement, jusqu'à 300 hectolitres à l'hectare, produisant des millions d'hectolitres de vins qui passent dans le commerce de gros par des marchés à long terme, tandis que Vouvray donne une modeste production moyenne de 40 hectolitres à l'hectare dont une portion s'en va vers des consommateurs de luxe, et l'autre vers le commerce qui en fait un article à part.

La mévente qui a touché le vignoble tout entier l'a éprouvé selon son échelle de faveur commerciale, et les vins blancs ordinaires de Vouvray, tombant en 1906 au cours de 18 francs l'hectolitre, représentent, en comparaison des moyennes anciennes de 35 à 40 francs l'hectolitre, une baisse égale à celle que le Midi a subie.

Ce qui fait cependant au vigneron de Vouvray une situation meilleure, c'est que le cours moyen de 18 francs l'hectolitre en 1906, qui le met en perte sur son prix de revient, ne le pousse pas à la ruine absolue comme le Midi, avec les cours de 0 fr.60 ou 0 fr.70 le degré, c'est-à-dire de 7 francs l'hectolitre environ pour les vins de 10°.

Ces conditions économiques favorables préservent donc, momentanément, notre vignoble de la misère noire. Espérons qu'elles l'auront sauvé de cette extrémité, puisque, à la veille de la récolte de 1907, le déficit que celle-ci présentera inévitablement, a provoqué déjà une hausse de 20 à 30 francs par pièce.

Pour pénétrer à fond cette situation, reprenons donc notre système établi pour le prix de revient, et voyons ce que peut gagner le petit propriétaire.

	Recettes	Dépenses
Rendement moyen à l'hectare établi sur les moyennes de 1900 à 1906 :		
2 pièces vin supérieur à 135 francs l'une.	270 fr.	
10 — — courant à 66 fr. 50 l'une....	665	
4 — — ordinaire à 55 francs l'une..	220	
16 pièces, ou 40 hectolitres.		
16 fûts à 10 francs l'un..................	160	
Prix de revient (voir p. 164)............		586 fr.
Totaux................	1.315 fr.	586 fr.
Dépenses..............	586	
Rémunération du travail et bénéfice....	729 fr.	

La démonstration semble claire à l'appui de ce que nous avançons ci-dessus, à savoir que le petit vigneron ou faisant-valoir personnel a retiré largement son existence de sa vigne depuis 1900. Il est touché par la crise seulement dans la réduction de son bénéfice, non pas dans sa vie elle-même ; il le serait complètement si la situation faite par 1906 se prolongeait.

Passons maintenant à la même opération pour le vignoble de 5 hectares exploité par faire-valoir patronal comme nous l'avons indiqué page 165.

	Recettes	Dépenses
Rendement moyen établi sur les moyennes de 1900 à 1906 :		
10 pièces vin supérieur à 135 francs l'une.	1.350 fr.	
50 — — courant à 66 fr. 50 l'une...	3.325	
20 — — ordinaire à 55 francs l'une..	1.100	
80 pièces, ou 40 hectolitres à l'hectare.		
80 fûts à 10 francs l'un..................	800	
Prix de revient (voir p. 165)............		5.186 fr. 50
Totaux................	6.575 fr.	5.186 fr. 50
Dépenses..............	5.186 50	
Bénéfice..............	1.388 50	

Le produit net d'une exploitation de 5 hectares en rapport depuis 1900 donne donc, en fin de 1906, tous frais payés, un bénéfice net de 1.388 fr.50, ce qui fait un produit de 277 fr.70 par hectare.

C'est maigre, on en conviendra, pour courir tant de risques.

La conclusion définitive est donc celle-ci :

Depuis deux ans, le propriétaire assiste à la perte partielle du gain que la reconstitution lui avait fait entrevoir.

D'autre part, il faut bien considérer aussi que l'exemple que nous donnons ci-dessus est lui-même une moyenne, qu'il y a bon nombre de propriétaires qui ne l'ont pas atteinte, et ont vu en deux ans disparaître et au-delà le bénéfice donné par 1904.

Si les plus fortunés ont un sort peu enviable, que pensent les pauvres gens qui s'appauvrissent en travaillant?

Il y a prospérité culturale, mais il y a crise économique. — Cette conclusion, qui est la première de celles que nous devons exposer à la fin de cet ouvrage, sera tout à l'éloge de l'effort accompli.

Nous avons décrit la culture des vignobles, nous avons montré leur état parfait d'entretien par un travail constant et réfléchi; les rendements se sont élevés dans des proportions méthodiques et raisonnables, la qualité des produits est parfaite et ne donne pas de déceptions, si on la compare à ses devancières.

Nous considérons, comme nous croyons l'avoir prouvé, que la reconstitution a fait de Vouvray, non seulement un vignoble neuf, mais encore amélioré, développé, rénové dans les systèmes de culture comme dans sa force et sa santé physique. Nous pouvons affirmer, à la gloire du pays et des vignerons de tout ordre, que la commune a fait un pas considérable dans le progrès, et qu'elle a atteint le sommet de ce que peuvent produire le travail et la science viticole moderne.

L'état de prospérité culturale est donc complet, rien ne reste à désirer, Vouvray compte parmi les plus grands vignobles français et a droit à une place à côté de beaucoup d'autres.

Il n'en est pas de même des résultats économiques, qui ne sont pas la récompense méritée de tant d'efforts de tous genres.

L'empressement fébrile que chacun a mis à reconstituer sa terre, a fait revivre en cinq ans, de 1895 à 1900, un vignoble nouveau, non seulement agrandi, mais encore produisant plus que l'ancien. Dès les premières récoltes, les intéressés clairvoyants se sont aperçus du danger qui les menaçait, ils se sont arrêtés dans la plantation et, d'un seul coup, comme sous l'influence d'une baguette magique, les statistiques nous montrent la surface plantée en vigne stationnaire à 900 hectares depuis 1900.

Mais le mouvement était donné, la vigne, bien cultivée, apportait peu à peu et sûrement son flot menaçant, et le jetait sur le marché. D'un autre côté, la concurrence de crus similaires — car les communes environnantes étaient également en état de pléthore — le trafic audacieux d'une fraude et contrefaçon de marque éhontée, préparaient cette formidable vague qui devait déferler en 1906-1907, devant la crise commerciale et viticole de la France entière.

La résultante fut la baisse effrénée, irréfléchie, comme tout ce qui procède d'une masse considérable d'individus, entraînant la crise fatale qui devait laisser en cave les merveilleux vins de 1906 dont on n'offrait que des prix dérisoires.

La conséquence morale de cet état de choses est la suivante : le propriétaire, vendant difficilement son vin au prix qui le laisse en perte sensible, cherche à établir l'équilibre de son budget en réduisant sa part de frais. Il tente de faire l'évolution du faire-valoir par domestique vers le métayage à moitié ou vers la closerie à prix réduits. C'est, si elle s'opère, la destruction des bases sur lesquelles repose la grande propriété, c'est la disparition de l'unité d'action et de travail, c'est l'émiettement du faisceau domanial !

Heureusement, comme nous l'écrivions, il y a quelques pages seulement, il est permis de croire, à l'heure actuelle (octobre 1907), que le défaut de récolte et les mesures prises pour empêcher la fraude dans l'avenir, vont apporter le remède nécessaire : l'élévation des cours.

Nous croyons fermement qu'il se produira, la moyenne du rendement à Vouvray en 1907 ne dépassera pas 15 hectotitres à l'hectare, la qualité ne sera sans doute que courante, mais les vins pourront trouver un écoulement dans le commerce en raison du peu de vin qui reste en cave de la récolte de 1906, les ventes ayant été actives depuis deux mois. D'autre part, il faut que le spectre de la fraude disparaisse; il importe que les sucreurs soient poursuivis sans merci, la rigueur des mesures qui se préparent les effraiera sans doute et les empêchera de se livrer à leur négoce ordinaire et déplorable.

Nous le souhaitons ardemment, car le propriétaire vouvrillon est au bord de l'abîme, il n'y est tenu en équilibre que par la lueur d'espérance qui monte à l'horizon ; nous ne doutons pas que la fin de la crise soit proche, et qu'il puisse continuer son superbe et sain labeur.

CHAPITRE XII

RÉSULTATS ÉCONOMIQUES

(Suite)

L'agriculture, rendement des céréales. — L'étude économique des exploitations agricoles du nord de la commune de Vouvray n'offre qu'un médiocre intérêt, d'abord parce qu'elles n'ont pas l'étendue qu'on aime à rencontrer dans les fermes importantes, ensuite parce que nous savons qu'elles ne se trouvent pas dans les conditions que réclament les grandes cultures dignes de ce nom.

Les raisons qui donnent un caractère spécial de vérité aux statistiques agricoles sont loin d'être les mêmes que celles fournies par les productions de la vigne; nous pouvons donc leur demander les renseignements que nous désirons et les réunir dans le tableau ci-dessous, pour les deux dernières récoltes comparées à celle de 1900.

RENDEMENT MOYEN DES CÉRÉALES

CÉRÉALES	1900				1905				1906			
	RENDEMENT à l'hectare	POIDS de l'hectolitre	RENDEMENT de la paille	RENDEMENT total	RENDEMENT à l'hectare	POIDS de l'hectolitre	RENDEMENT de la paille	RENDEMENT total	RENDEMENT à l'hectare	POIDS de l'hectolitre	RENDEMENT de la paille	RENDEMENT total
	hl.	kilog.	quint.	hectol.	hl.	kilog.	quint.	hectol.	hl.	kilog.	quint.	hectol.
Blé....	20	80	18	4.000	18	75	20	3.420	15	70	20	3.000
Seigle .	16	69	20	320	15	65	22	375	12	60	25	300
Orge...	15	50	8	150	15	47	10	375	12	45	10	300
Avoine.	20	50	10	4.000	22	52	14	4.180	15	48	15	2.700

RENDEMENT MOYEN DES FOURRAGES

FOURRAGES	1900		1905		1906	
	RENDEMENT à l'hectare	RENDEMENT total	RENDEMENT à l'hectare	RENDEMENT total	RENDEMENT à l'hectare	RENDEMENT total
	quintaux	quintaux	quintaux	quintaux	quintaux	quintaux
Trèfle	20	400	25	875	28	840
Luzerne	20	400	22	440	30	750
Sainfoin	20	400	25	150	25	125
Foin	25	7.500	30	4.400	32	7.040

Les années 1905 et surtout 1906 n'ont pas été avantageuses comme rendement ; nous sommes, on le voit aisément, assez loin des productions qu'on obtient dans les grands centres agricoles, et même un peu plus au nord, en Indre-et-Loire, sur les plateaux des Gâtines où elles atteignent 30 hectolitres à l'hectare.

Pour les fourrages fournis par les prairies artificielles, nous nous trouvons à peu près dans les mêmes proportions, c'est-à-dire bien au-dessous de ce que pourraient produire des terrains de cette qualité.

RENDEMENT MOYEN A L'HECTARE DES CULTURES DIVERSES

	1900	1905	1906
	Quintaux	Quintaux	Quintaux
Pommes de terre	200	230	210
Betteraves fourragères	80	90	85
Haricots	150	160	155
Pommes et poires au couteau (récolte totale)	80	20	100
Pommes et poires à cidre (récolte totale)	10	60	80
Noix (récolte totale)	10	25	45
Pêches —	»	29	4
Prunes —	»	5	20

Comparaison du prix de revient et du prix de vente. — Résultats. — Le prix de revient en agriculture est beaucoup plus insaisissable et irrégulier que celui de la viticulture, le budget d'une ferme se complique de la question d'achat et de revente du bétail sur lequel le fermier peut réaliser de beaux bénéfices ou subir des pertes considérables.

En ce qui nous concerne, nous pouvons déclarer que la culture, telle qu'on la pratique à Vouvray, n'a pas une homogénéité semblable à celle des autres régions.

Elle présente, côte à côte, des résultats très dissemblables selon les moyens dont disposent les fermiers ou les exploitants. Si le propriétaire travaille lui-même avec un personnel surveillé de près, nul doute qu'il cultivera dans des conditions plus économiques qu'un faisant-valoir patronal et simplement administrateur.

Résumons-nous donc et posons un principe que le prix de revient à l'hectare d'une exploitation agricole varie entre 200 et 250 francs en y comprenant, soit le prix d'un fermage à payer, soit l'intérêt du capital engagé, ainsi que tous les frais d'exploitation.

Rapprochons maintenant l'état des cours dans le tableau suivant :

PRIX DES DENRÉES AGRICOLES

DENRÉES	1900		1901		1902		1903		1904		1905		1906	
	fr.	c.	fr.	c.	fr.	c.	fr.	c.	fr.	c.	fr.	c.	fr.	c.
Blé, l'hectolitre	13	»	13	18	15	»	18	»	15	75	17	75	17	25
Seigle, —	9	80	11	»	10	75	10	50	10	31	11	62	10	35
Orge, —	10	50	10	50	10	50	9	25	10	»	11	»	11	34
Avoine, —	8	20	8	75	10	50	10	50	7	50	8	25	10	25
Légumes secs, pois	45	»	38	»	32	»	30	»	36	»	48	60	44	»
Foin, le quintal	10	»	8	75	8	»	7	»	8	»	8	50	9	»
Paille, —	3	50	4	60	4	»	4	50	4	10	4	25	4	50
Pommes de terre	12	»	11	»	10	»	9	»	10	50	9	»	12	25
Farine, les 100 kilog.	26	22	25	72	28	»	31	47	30	22	32	28	32	»
Pain, le kil. { Blanc	0	30	0	30	0	30	0	33	0	33	0	35	0	35
Pain, le kil. { Bis	0	24	0	24	0	25	0	30	0	30	0	30	0	33
Viande { Bœuf, le kil.	1	50	1	60	1	80	1	90	2	»	1	80	1	90
Viande { Vache —	1	50	1	60	1	30	1	40	1	50	1	60	1	70
Viande { Veau —	1	60	1	80	1	80	2	»	2	10	1	80	1	90
Viande { Mouton —	1	80	2	20	2	»	2	10	2	20	2	15	2	10
Viande { Porc —	1	70	1	60	1	80	1	90	1	90	1	80	1	80
Volailles, l'une	3	55	4	»	3	75	3	50	4	25	3	25	4	37
Œufs, la douzaine	0	75	0	75	0	80	0	80	0	95	0	95	1	»
Beurre, le kilog	2	75	2	80	2	75	2	80	2	70	3	50	3	20
Lait, le litre	0	20	0	20	0	20	0	20	0	20	0	20	0	20
Bois, le stère	16	»	16	»	16	»	16	»	16	»	16	»	16	»

En comptant sur un rendement moyen de 18 hectolitres pour le blé et l'avoine vendus 18 francs et 12 francs l'hectolitre, sur un bénéfice modeste donné par le bétail, l'agriculteur peut espérer un produit net ou bénéfice de 135 à 150 francs par hectare exploité.

Pour arriver à ce produit, nous nous hâtons d'ajouter qu'il faut faire preuve de travail et d'intelligence, il en est plus d'un qui n'obtient pas ces résultats, quoique modestes.

Bien que le plateau de Vouvray ne soit pas placé dans les conditions normales de la culture intensive, un meilleur rendement pourrait être obtenu par un usage plus raisonné des engrais, par la création de prés hauts très possible à entreprendre et devant amener le développement du cheptel vif.

Cet état de choses ne peut avoir la crise pour conséquence, il est trop réduit dans ses éléments, mais il n'en est pas moins vrai que la situation purement agricole de Vouvray ne peut être présentée comme suffisamment productive.

Les impôts. — Dans un état économique voisin de la gêne menaçant ainsi la commune de Vouvray, les impôts, plus lourds tous les ans, jettent l'inquiétude dans les esprits.

Leur détail n'est, hélas! que l'étalage de la médiocre situation générale de la France: elle n'a rien de spécial pour Vouvray, qui n'en prend que sa part comme toutes les communes.

Cependant, à côté des charges générales se trouvent les taxes municipales, et la commune porte avec elle une dette qui demande rétribution; c'est encore le contribuable vouvrillon qui doit joindre cette note à celle de tous les Français, et solder l'addition finale.

Avant d'entrer dans le détail des impôts d'État, résumons en quelques colonnes sans commentaires, mais significatives, la situation financière de Vouvray.

ÉTAT DE LA SITUATION FINANCIÈRE DE 1900 A 1906

ANNÉES	RECETTES ORDINAIRES	DÉPENSES ORDINAIRES	PRODUIT DES CENTIMES ORDINAIRES ET EXTRAORD.	VALEUR DU CENTIME	CENTIMES POUR DÉPENSES ORDINAIRES ET EXTRAORDINAIRES — Nombre total	dont ordinaires	Durée des imposit. extraordin.	MONTANT DE LA DETTE EN CAPITAL au 31 décembre 1899
	francs	francs	francs	fr. c.	cent.	cent.		francs
1900	15.483	15.483	10.531	285 80	38	4 2	1924 1927	28.561
1901	15.756	15.756	10.740	287 60	38	4 2	1924 1927	26.666
1902	15.879	15.879	11.010	298 90	39	4 2	1924 1927	27.468
1903	17.140	17.140	13.215	298 90	45	4 2	1924 1927	26.771
1904	17.620	17.620	13.053	294 30	45	4 2	1924 1927	26.069
1905	17.599	17.599	13.410	294 30	46	4 2	1924 1927	25.329
1906	19.941	19.941	17.163	295 »	59	9 2 2 4 2	1906 1909 1910 1924 1927	27.745

La marche ascendante des dépenses provoque naturellement le même mouvement dans le produit des centimes et dans leur nombre ; il est vrai que la dette inscrite dans la dernière colonne a diminué depuis 1900; mais, s'il en est ainsi, il faut bien considérer que c'est grâce au contribuable qui, de 1900 à 1906 y compris, a vu passer le nombre des centimes pour dépenses ordinaires et extraordinaires de 38 à 59.

Malgré cela, et en raison de nécessités nouvelles, la dette totale de 28.561 francs en 1900 n'est atténuée que de 816 francs en 1906 et reste au total de 27.745 francs pour décroître par fractions jusqu'en 1927.

Si la situation déjà lourde devait s'en tenir là, le contribuable pourrait renaître à l'espoir et pousser un soupir de soulagement, après avoir eu conscience du devoir accompli.

Mais l'année 1907 lui apporte des exigences nouvelles : 1° l'obligation par le ministère de l'Instruction publique de reconstruire les écoles, qui étaient évidemment défectueuses et ne répondaient plus aux nécessités de l'hygiène moderne; 2° la laïcisation prochaine d'une école de filles tenue par des religieuses, ont exigé l'élargissement des locaux, l'augmentation des devis des architectes, l'élévation finale des dépenses.

La somme prévue pour la construction, qui s'élève déjà au bas des terrasses de la place de l'Eglise, monte à 63.500 francs en chiffre rond; l'État versera, par des subventions successives, 15.300 francs plus 2.315 francs, soit 17.615 francs. Pour faire face à la différence, la commune s'est trouvée encore en face de la nécessité d'un emprunt, et le Crédit foncier fournira 39.600 francs, plus un deuxième emprunt récent de 6.263 francs, ce qui porte la charge totale nouvelle à 45.863 francs. La conséquence pratique a été traduite par le saut du nombre des centimes de 46 à 59, de 1905 à 1906, année pendant laquelle les contribuables ont commencé à payer. Si l'on en juge par la masse imposante que présente le nouveau bâtiment, il est aisé de comprendre que les devis prévus seront dépassés; l'avenir nous l'apprendra.

D'autre part, quelles sont donc les charges qui pèsent sur le pays au titre des contributions directes? Examinons-les dans l'exposé ci-après.

CONTRIBUTIONS DIRECTES

NATURE DES CONTRIBUTIONS	1900	1901	1902	1903	1904	1905	1906
Contribution foncière, propriété bâtie.....	8.031f 53	8.218f 42	8.312f 54	8.589f 48	8.592 16	8.728 85	9.255 90
— — non bâtie.	32.032 01	32.122 71	32.233 60	33.291 81	33.308 60	33.827 95	35.914 41
Contribution personnelle mobilière........	10.701 39	10.905 80	12.596 99	11.496 46	11.677 92	11.860 83	12.613 13
— des portes et fenêtres........	4.859 47	4.913 34	4.947 80	5.135 50	5.136 98	5.259 27	5.601 07
Frais d'avertissement	74 85	74 65	73 95	73 65	73 90	79 95	80 05
TOTAL........................	55.699f 25	56.234f 92	57.276 11	58.586 90	58.789 56	59.676 90	63.458f 21
Revenus							
Contribution foncière, propriété bâtie.....	124.396f 15	127.171f 50	128.225f 25	128.733f »	128.710f 50	128.914f 50	129.537f »
— — non bâtie.	91.640 85	91.640 85	91.640 25	91.640 84	91.640 82	91.640 66	91.544 43
Centime le franc en principal, propriété bâtie.	0f 0320	0f 0320	0f 0320	0f 0320	0f 0320	0f 0320	0f 0320
— — propriété non bâtie.	0 153872	0 153872	0f 153872	0 153872	0 153872	0 153873	0 15387
Centime le franc en principal, centimes additionnels et réimpositions... propriété bâtie	0 0645641	0 0646247	0 0648277	0 0667224	0 0667557	0 06771	0 07145
— propriété non bâtie.......	0 3495385	0 3505284	0 351738	0 3632857	0 363469	0 369137	0 39232
Nombre de cotes, personnelles seulement..	65	64		63	53	53	55
— mobilières.............	32	31	762	31	37	37	38
Nombre de cotes personnelles et mobilières.	694	689		690	692	692	700
Montant de la cote personnelle............	1f 95	1f 95	1f 95	1f 95	1f 95	1f 95	1f 95
Loyers d'habitation	8.191f »	8.094f »	8.076f »	8.208f »	8.474f »	8.587f »	8.581f »
Centime le franc en principal.............	0f 383	0f 40386	0f 40425	0f 41382	0f 401846	0f 4006	0f 40307
Centime le franc en principal, centimes additionnels et réimpositions...........	1 125075	1 16598	1 37772	1 22175	1 20665	1 21207	1 29830

12

De ce côté encore le flot montant de l'impôt offre une progression inquiétante pour la population qui se demande où en sera la limite. Nous n'avons pas à en rechercher les causes, nous nous bornons à constater que le propriétaire foncier comme le travailleur des champs, qui mettent leur argent et leur travail dans la terre, sans en retirer un produit en rapport avec leurs risques ou leurs peines, ne peuvent résister longtemps dans ces conditions, et nous souhaitons aux braves gens qui peinent, comme aux patrons qui voient chaque jour naître de nouveaux ennemis, une amélioration prochaine de leur situation économique.

CHAPITRE XIII

LES SYNDICATS

Le Syndicat agricole et viticole de Vouvray. — Pour la première fois, lors de la crise phylloxérique, quand les viticulteurs vouvrillons se trouvèrent en présence des difficultés nouvelles, ils éprouvèrent le besoin de se grouper, d'unir leurs efforts, pour la défense de leurs intérêts. Cette nécessité ne fut pas spéciale à Vouvray, le mouvement fut spontané dans la région, il en résulta, presque dans chaque commune, la naissance d'un syndicat agricole.

Celui de notre commune fut définitivement fondé en assemblée générale du 19 mars 1893, il s'abrita sous la loi du 21 mars 1884 et eut pour but la protection de tous les intérêts corporatifs des associés, agriculteurs et viticulteurs, l'étude des moyens propres à les protéger, le groupement des achats d'engrais qui permet au petit cultivateur d'acheter dans les mêmes conditions que les plus importants et de se protéger contre les fraudeurs.

L'association a une vie normale et plutôt florissante, elle compte 188 membres et elle est présidée par l'actif et intelligent adjoint de Vouvray, M. Aubert-Plisson, suppléé par un secrétaire zélé, M. Pinon-Carré.

Syndicat de défense des vins de Vouvray. — Cette association, dont le titre seul indique le but, est née tout récemment, en 1906, de la crise dont nous avons parlé plus haut. Les grands vins de Vouvray, plus que ceux des autres vignobles français peut-être, sont l'objet de contrefaçons et de fraudes qui leur portent un véritable préjudice. Combien de vins sont livrés au commerce dans des bouteilles pompeusement parées d'étiquettes, portant le nom de Vouvray mousseux, et ne sont que des mixtures champagnisées dans lesquelles les vignes des coteaux préférés ne sont pour rien.

Il est résulté de ce commerce éhonté, pendant un trop long temps, une certaine indifférence du public pour les vins véritables. Le goût du consommateur a été faussé par ces produits quelconques, qu'on offre à des prix inférieurs, et qui, par suite, font une concurrence déplorable aux vins du pays.

La nouvelle Société a pour but de réagir contre cet abus, qui est l'un des éléments de la crise, par des moyens qu'il serait trop long d'étudier ici, lutte urgente pour l'honneur et l'intérêt des propriétaire sincères. Le président de cette vaillante compagnie est M. Ch. Vavasseur, qui la dirige avec dévouement et énergie.

En dehors de ces deux syndicats, il n'existe rien de particulier à Vouvray au point de vue du crédit agricole. Nous citerons seulement pour mémoire la *Caisse régionale de Crédit agricole mutuel d'Indre-et-Loire et de Maine-et-Loire*, créée conformément aux lois de 1894 et de 1899, et la *Société du Crédit agricole mutuel*, née au sein de l'Union vinicole des Propriétaires d'Indre-et-Loire, qui ont leur siège à Tours et rayonnent sur Vouvray comme sur toute autre commune.

CHAPITRE XIV

PRÉVOYANCE ET ÉPARGNE

Les sociétés de secours mutuels, assurances. — Toutes les sociétés agricoles et de prévoyance ont pris naissance, en ces dernières années, dans le souffle de mutualisme qui a passé sur la nation. A Vouvray, les risques de la mortalité du bétail ont groupé une série d'intéressés du canton tout entier, dans une association qui a pour titre *Caisse de prévoyance mutuelle du canton de Vouvray.* C'est une fédération et une assurance contre la mortalité du bétail ; elle fut fondée en 1904 et, malgré des ressources modestes, fonctionne normalement et rend des services.

La Prévoyante. — Le mutualisme personnel, contrairement à bien des communes, n'avait jamais donné naissance à une société de secours mutuels avant 1899.

C'est seulement à cette époque que des hommes charitables ont groupé des adhérents pour venir en aide aux vignerons et aux agriculteurs en cas de maladie, et pour fournir une modeste retraite aux invalides ou aux vieillards. Toute la commune s'intéresse à cette œuvre de soulagement et d'assistance aux travailleurs, les membres honoraires, pris dans la classe aisée, versent une cotisation dont les intéressés profitent moyennant une très faible participation.

La Gerbe. — Comme dans bien des localités, il existe à Vouvray une boulangerie coopérative sous le nom de *la Gerbe ;* elle a été fondée en 1893 et, bien administrée, elle fournit le pain à ses associés dans des conditions avantageuses.

Société de secours mutuels et de retraite des écoles libres du canton de Vouvray. — Les instituteurs du canton se sont groupés en 1903, dans un sentiment de solidarité, pour former une caisse de retraite destinée à améliorer, dans la fin de leur carrière, la situation modeste qui est faite aux instituteurs des campagnes.

Cette très intéressante classe de fonctionnaires qui a la charge de préparer l'instruction, d'ouvrir l'esprit des futurs cultivateurs, est un précieux auxiliaire de la culture par son enseignement agricole qui prend, dans de certaines communes, des développements appréciables.

Nous ne pouvons donc que nous réjouir de voir s'améliorer, dans une certaine mesure, les faibles ressources destinées à ces éducateurs si dignes d'encouragement.

En ce qui concerne les assurances, il n'existe rien en dehors de ce que nous venons de citer. Les récentes lois sur les accidents du travail ont provoqué le développement de toutes les sociétés à primes fixes ou mutuelles qui, chacune par des agents locaux, se sont fait des clientèles appréciables. L'idée exacte des risques encourus par le patron envers ses ouvriers s'est répandue lentement, mais sûrement, et chacun s'en est généralement mis à l'abri. Toutes les assurances contre l'incendie ont aussi leurs représentants; la Mutuelle d'Indre-et-Loire, très sérieusement administrée, est une des plus connues.

CHAPITRE XV

ASSISTANCE

Bureau de bienfaisance, assistance médicale. — Aucune fondation charitable, aucun hospice, aucune crèche pour l'enfance n'ont jamais existé à Vouvray ; la cause qui a inspiré les âmes généreuses dans leurs dons vient sans doute de ce qu'elles connaissaient l'esprit du paysan et de l'ouvrier, qui ont toujours éprouvé une répugnance pour l'établissement hospitalier. Il faut déclarer aussi que les besoins n'ont jamais été impérieux : dans les cas d'urgence, très rares d'ailleurs, c'est l'Hôpital général de Tours qui reçoit les malades.

Le Vouvrillon de naissance aime son pays natal ; quand il y a vécu toute une vie et que vous le rencontrez, courbé sur sa canne ou assis sur un bloc de rocher, si vous parlez du lendemain, il ne tardera pas à dire, avec une philosophie gaie, qu'il n'attend plus que le sommeil final, là-haut, sur la côte, au milieu des vignes, auprès des siens...

Il a la terreur de l'hôpital et préfère être mal soigné, mais mourir chez lui.

Le Bureau de bienfaisance a donc reçu tous les dons qui auraient pu devenir des fondations, il dispose d'un capital placé qui s'élève à 46.466 fr. 66 et qui produit annuellement 1.394 francs de revenu.

Cette somme est comprise dans les recettes que nous indiquons ci-dessous.

ÉTAT FINANCIER DU BUREAU DE BIENFAISANCE POUR 1907

	Recettes	Dépenses
Rentes et produits divers......	1.836 10	
Reliquat de l'année 1906.......	737 65	
Dépenses effectuées ou prévues au 1er septembre 1907.......		2.290 15
Totaux...............	2.573 75	2.290 15
Dépenses à déduire...........	2.290 15	
Reste d'actif.................	283 60	

En raison de ce budget, des secours en espèces et en nature sont distribués aux indigents dont le nombre total, composé de vieillards, de femmes et d'enfants, atteint 70 par an en moyenne.

L'assistance médicale, assurée par la loi du 15 juillet 1893, est fournie aux indigents par le budget municipal, dans une proportion de 60 0/0 représentant de 5 à 600 francs par an, et 40 0/0 par le département.

Sur la somme versée par la commune sont prélevés 140 à 150 francs par an environ, pour être distribués aux passagers et chemineaux sous forme de bons de pain.

CHAPITRE XVI

ÉTAT MORAL ET SOCIAL

Habitudes morales. — Le vent de modernisme qui a passé, depuis vingt ans, à la surface du sol, ainsi que sur les populations qui le recouvrent, et qui est, au point de vue philosophique, une forme du progrès, a produit l'évolution que nous nous sommes efforcé de décrire, dans cette étude, jusqu'à l'heure présente. Il a modifié tout, au physique comme au moral, il a laissé une empreinte durable que nos successeurs auront plus tard à apprécier à leur tour. N'anticipons pas, mais, constatons, comme on peut le faire au cours des siècles disparus, que les révolutions passent en secouant les races, parfois violemment, mais que le lien originel subsiste, et qu'on peut le suivre, comme l'âme même du peuple, indélébile et persistant.

Le caractère tourangeau est trop connu pour qu'on s'y arrête, et la population de Vouvray est trop voisine et indivisible de sa souche pour qu'elle ait pris un aspect différent.

Si nous grattons l'écorce, nous retrouvons l'arbre; si nous examinons le Vouvrillon, nous rencontrons ses défauts et ses qualités d'autrefois.

Il est resté l'homme des grands et des rudes labeurs, il a montré son opiniâtreté native dans la poursuite du but qu'il veut atteindre en rénovant son vignoble; l'instruction l'a pénétré pour éclairer mieux sa route, mais il est resté fruste dans sa robuste constitution. Il a eu conscience de son élévation morale, et l'orgueil est né en lui. Ils sont plus nombreux qu'on ne le croit ceux qui savent — ce qui est juste d'ailleurs — qu'ils sont les égaux de tous les citoyens, ils connaissent leur valeur monétaire, ils travaillent pour être payés, en dehors de cela leur conscience ne leur dit pas assez qu'ils doivent un peu d'eux-mêmes à leur travail, et qu'il est des sentiments qui n'ont pas de monnaie courante.

De cet état d'esprit sont nées des conséquences naturelles ; l'enfant qui entend les discours du chef de la famille, qui ne puise plus en lui l'exemple de la considération, au milieu du nivellement général, se sent l'égal de son père, s'élève parfois contre l'autorité du foyer, n'a plus la même estime pour les fonctions publiques, et subira sans enthousiasme les obligations militaires.

Emancipation, évolution nécessaire ! dira-t-on. Soit ! le progrès est une loi naturelle, on ne l'arrête pas dans sa marche ; mais est-ce bien là le progrès, s'il se heurte au roc inébranlable des lois du travail, de la propriété, et de l'ordre public ?

Cette psychologie n'est pas seulement vouvrillonne, elle tend à devenir nationale, c'est pourquoi nous l'avons exprimée très librement, avec une sincérité qui nous fera exalter, dans une même indépendance, les qualités de caractère de nos compatriotes.

Dégageons l'individu de ces idées générales, et nous retrouverons tout de suite, à la surface même, le bon naturel du paysan, avec sa cordiale gaîté, son franc parler et son esprit gaulois. Il accueillera son ami ou l'étranger avec franchise et un sourire rabelaisien sur le visage.

Depuis Boileau on dit : « Chassez le naturel, il revient au galop. » C'est encore une vérité quand il s'agit de l'émancipation des esprits. Le naturel vouvrillon reparaît surtout au fond des caves, quand les bouchons des vieilles bouteilles sautent, au milieu des éclats de rires.

Et, c'est là une remarque digne d'intérêt ; alors que, partout, dans les villes et dans bien des campagnes, les apéritifs, de toutes marques et de toutes couleurs, emplissent les verres dans les cafés, à Vouvray le vin coule naturellement, sans qu'on ait besoin même de se demander ce qu'on boira. Le vin est en honneur partout, il est de toutes les fêtes ; combien de pays peuvent en dire autant ?

Les loisirs des dimanches et fêtes sont généralement occupés par les parties de boules, qui s'organisent dans les débits qui tous en sont munis. Là encore le jeu s'arrête, pour boire la *fillette* de vin blanc que le camp vaincu a perdue.

Les statistiques nous ont appris que les mariages ont lieu dans la moyenne de l'âge convenu, que les divorces ne sont pas fréquents, et que les enfants naturels sont rares. N'écoutons donc pas les commérages qui circulent dans toutes les campagnes, et considérons, avec juste raison, que la population de Vouvray est saine, honnête, sage et laborieuse.

Rapport des propriétaires et des ouvriers; bien-être. — Malgré les réflexions qui précèdent et qui donnent l'état d'âme de l'ouvrier dans l'accomplissement de sa besogne, nous n'avons pas souvenir qu'il y ait jamais eu, dans la commune, des troubles ou des coalitions contre les propriétaires. Ceux-ci ne sont pas dupes des sentiments de l'ouvrier moderne, ils en tiennent compte dans leurs rapports et essayent, par leur surveillance et leur fermeté, d'obtenir le meilleur rendement de la main-d'œuvre. Ils ont résisté de leur mieux contre l'élévation du prix des salaires, celle-ci s'est effectuée malgré tout, c'est aujourd'hui un fait accompli. Il y a trois ans, la grève des vendangeurs a été imminente et menaça les vignes de garder leurs raisins. Devant l'impossibilité de mieux faire, l'accord intervint par une augmentation de 0 fr. 25 pour les femmes et 0 fr. 50 pour les hommes.

Si parfois un domestique ou un journalier, en verve d'indépendance, prononce quelques paroles exagérées, il ne faut pas en conclure à une coutume ou à des cas répétés.

Le propriétaire qui habite son domaine ou qui s'y montre fréquemment, qui prend contact avec son personnel, obtient de lui une estime qui est inconnue à celui qui habite au loin. L'intérêt qu'un exploitant porte à sa culture fixe malgré tout l'attention, et nous connaissons des faisant-valoir qui jouissent d'une considération d'autant plus marquée qu'ils s'imposent par leurs connaissances et par les bons et généreux procédés qu'ils emploient envers leurs serviteurs.

CHAPITRE XVII

AVENIR DE LA COMMUNE

Conclusions. — Quand, il y a quinze ans, le propriétaire et le vigneron de Vouvray entreprenaient la résurrection du vignoble disparu, leur inquiétude, devant tant de labeur à accomplir, était toute résumée dans l'incertitude du succès. Celui qui, plus clairvoyant ou plus audacieux, entrevoyait la possibilité de la victoire, sentait son cœur se gonfler d'envie et d'ardeur, son esprit se griser à la pensée des bénéfices qui en résulteraient.

Le temps s'est écoulé; aujourd'hui le vignoble est en merveilleux état de production, verdoyant, paré et soigné par des mains habiles; les grappes rebondies et dorées versent un vin qui n'a rien à envier à ses ancêtres, et, cependant, le propriétaire et le vigneron restent soucieux et inquiets.

Ils viennent d'entendre, au loin, le cri de misère du Midi; tout auprès d'eux, sur le Cher, en Sologne, dans le Loiret, dans la Vienne, la mévente a fait des ravages, et les cours se sont effondrés. Eux-mêmes ont eu les plus grandes difficultés à vendre leurs vins de la dernière récolte, alors que leur qualité les recommandait particulièrement, et les ventes qu'ils ont effectuées n'ont pas été rémunératrices.

Que doivent-ils donc penser de la situation qui leur est faite? Doivent-ils prendre courage, songer aux rêves brillants qu'ils ont faits, au temps des enthousiasmes permis, ou doivent-ils se résigner à accepter un état économique dans lequel ils vivront sans s'enrichir?

Vivre, c'est déjà beaucoup, dira-t-on, alors que tant d'autres meurent de faim.

En effet, disons-le de suite, ou plutôt répétons-le, nous pensons sincèrement que Vouvray ne peut voir, du moins pour le moment, le cours de ses vins blancs tomber aux prix dérisoires de 5 ou 10 francs la pièce qui amèneraient la ruine définitive.

Au plus creux de la crise, dans la saison 1906-1907, les plus bas prix ont été pratiqués, ils ne sont pas descendus au-dessous de 30 francs la pièce nue, soit 12 francs l'hectolitre; leur valeur réelle, aux cours anciens, aurait été de 40 francs l'hectolitre. C'était donc la débâcle, dans une proportion égale aux autres vignobles, mais sur une échelle plus élevée.

A Vouvray, comme on a pu le voir, à 30 francs les 250 litres nus, le propriétaire faisant-valoir patronal est en perte sur ses frais de culture; le petit vigneron y trouve à peine son pain, mais ne s'enrichit pas. La situation est ainsi, c'est là qu'elle se différencie de la crise méridionale de misère absolue qui ne laisse rien à personne.

Peut-elle se prolonger et quel en sera le terme ?

Si un état de choses nouveau n'intervient pas sous peu, le propriétaire se lassera de faire cultiver son domaine en mangeant de l'argent au lieu d'en recevoir; il réduira les frais de main-d'œuvre, ce qui retirera une partie des salaires de l'ouvrier. A bout de patience il évitera la ruine complète en vendant à vil prix sa propriété, et, de ce fait, la richesse foncière des familles ou le petit patrimoine campagnard perdront la plus grosse part de leur valeur.

Il reste donc à la population viticole de Vouvray un seul espoir : celui de voir la situation s'améliorer rapidement avant que le désastre soit imminent.

Cette espérance, elle peut l'avoir, nous croyons qu'elle est fondée, voici pourquoi.

Depuis quelques mois les conditions économiques de la récolte future se sont profondément modifiées :

1° Des ventes, à bas prix il est vrai, se sont produites au cours de l'été et ont fait disparaître presque entièrement les existants en cave;

2° Le Gouvernement, enfin ému, a pris des mesures diverses contre la fraude;

3° Une hausse est constatée dans tout le vignoble français;

4° Enfin, et surtout, la récolte de 1907 sera déficitaire.

Voilà un ensemble de conditions qui est bien fait pour donner confiance et pour augurer mieux de l'avenir de la commune.

Nous ne parlerons pas des ventes désastreuses qui ont débarrassé le marché de son stock encombrant, elles n'ont eu qu'un résultat heureux : raréfier les marchandises, c'est déjà un bienfait.

Quant aux mesures prises par l'État et qui consistent en des prescriptions rigoureuses contre la fraude, nous sommes convaincus qu'elles donneront des résultats appréciables, mais nous n'hésitons pas non plus à déclarer qu'elles ne seront pas complètement efficaces et suffisantes.

Les cahiers des futures déclarations de récolte sont déjà rendus dans les mairies, ils guettent le vin au sortir du pressoir, mais le récoltant les regarde d'un œil maussade, et il y a tout à croire qu'on n'obtiendra jamais une déclaration exacte de la sincérité du paysan. Quant à la réglementation des sucres, il est de toute évidence qu'elle ne touchera qu'une partie du mal et laissera la porte entr'ouverte à la fraude, ce qu'il aurait fallu éviter à tout prix. Les intérêts des régions septentrionales nous ont valu un tempérament qui peut être notre perte : la faculté pour chaque individu de disposer de 25 kilogrammes de sucre, et les droits à 40 francs seulement.

Le malheur a voulu que la présente récolte soit de qualité médiocre dans nos régions, elle ne peut manquer d'inciter le viticulteur à améliorer son vin trop vert par une introduction de sucre, et alors il y aura encore de beaux jours pour le sucrage des vendanges.

Nous ne voulons pas parler ainsi du vignoble de Vouvray, qui, en toute sincérité, ne doit pas être compris dans les contrées faisant le sucrage des vins. Il y a eu des récoltes sur pied, vendues à des négociants étrangers, qui les ont sucrées au dehors ; on ne peut faire aux propriétaires que le reproche d'avoir laissé ainsi porter une légère atteinte à la réputation de leur cru.

Nous connaissons surtout des communes d'Indre-et-Loire et des pays limitrophes où le commerce le plus éhonté s'est fait pendant de longues années ; nous serions bien surpris si elles ne se livraient pas encore à leur trafic favori en cotoyant les réglementations nouvelles.

Nous n'hésitons donc pas à déclarer hautement que l'avenir de notre vignoble, comme de la viticulture française, dépend uniquement de la façon dont la loi sera appliquée, et dont la fraude sera réprimée. Nous considérons que les moyens employés ne suffiront pas à ramener l'aisance, et, sans craindre d'être contredit par nos compatriotes vouvrillons, au risque de soulever les clameurs du Nord et de faire payer le sucre un peu plus cher à l'ouvrier, nous demandons qu'on use du seul moyen immédiat, capable de supprimer la fraude, en élevant considérablement les droits sur les sucres.

Enlevons au vigneron, et surtout au commerce, les avantages qu'ils retirent de la fabrication des vins de sucre, faisons qu'ils n'aient plus de gains généreux à espérer dans leurs opérations, et nous verrons, sur-le-champ, les évaluations des récoltes diminuer, la confiance renaître, les cours s'élever.

Nous ne craignons pas de jeter ici cet appel à la justice et à la protection des pouvoirs publics; le moment est grave; faute d'une attention efficace, le pays peut voir sombrer, en quelques années, l'une de ses principales richesses.

Le courage du vigneron, la patience du propriétaire, ne seront maintenus qu'à cette condition; il ne faut pas qu'ils répètent, en regardant leurs ceps féconds mais improductifs, ce que le bon fabuliste faisait dire à l'un de ses acteurs :

A quoi bon charger votre vie
Des soins d'un avenir qui n'est pas fait pour vous.?

Et il n'en sera pas ainsi, nous en avons la conviction ou tout au moins le ferme espoir. A force d'entendre crier en France : « A bas la fraude! » même par ceux qui l'ont pratiquée, il viendra bien un moment où on l'étranglera ; d'autre part, la condition privilégiée de Vouvray le mettra momentanément à l'abri des pires désastres. Les cours enregistrent, depuis un mois, une hausse sensible, le vin de 1907 ne sera pas abondant. La fermeté des cours paraît certaine, si on ne laisse pas la fabrication illicite se faire, et nous en avons l'espoir en présence des mesures rigoureuses de répression qui se préparent. Nous ne pensons pas que le Pactole passera par la bourse des viticulteurs, mais nous sommes certain que l'aisance renaîtra, en attendant des jours plus fortunés, dont la population de Vouvray est si digne, dans un avenir prochain, successeur d'un aussi grand passé.

Il nous semble nécessaire de rappeler ici que cet ouvrage a été terminé à la fin de 1907 et que les conclusions qui précèdent étaient permises alors que la récolte était incomplètement connue et que les cours n'avaient pas encore été pratiqués.

Non seulement la situation économique de 1907-1908 est venue se préciser dans le sens de nos prévisions par des cours bas provoqués par le défaut de qualité, en dépit de la faiblesse de la récolte, mais encore la physionomie du marché de 1908 s'est affirmée. Cette récolte, supérieure à la moyenne pour la qualité, a été encore inférieure à celle de 1907 par le rendement. Les cours se sont considérablement élevés puisque la moyenne a dépassé 100 francs les 250 litres nus, et cependant le propriétaire reste en déficit par suite du manque d'abondance.

L'optimisme dont nous faisions preuve plus haut n'a donc pas été justifié par une récolte qui n'était alors qu'une espérance, et l'amélioration de l'état économique du vignoble a encore subi un temps d'arrêt.

Que sera 1909? Quel que soit cet avenir encore très lointain, si abondante et rémunératrice que soit cette récolte, elle réclame, par avance, une protection efficace. Nous demandons, plus que jamais, l'énergique application des lois contre la fraude et les entraves les plus sérieuses au sucrage par l'élévation des droits.

Le viticulteur est à bout de patience et de forces, on lui doit aide et protection.

Mars 1909.

TABLE DES MATIÈRES

PREMIÈRE PARTIE

INTRODUCTION HISTORIQUE

CHAPITRE I

HISTOIRE GÉNÉRALE DE LA COMMUNE

CHAPITRE II

HISTOIRE DÉMOGRAPHIQUE

CHAPITRE III

HISTOIRE ÉCONOMIQUE

CHAPITRE V

LES MODES D'EXPLOITATION

CHAPITRE VI

LES CULTURES, LA VITICULTURE, LES VIGNOBLES

CHAPITRE VII

INSTRUCTION AGRICOLE

CHAPITRE VIII

INDUSTRIES RURALES

CHAPITRE IX

SALAIRES ET MAIN-D'ŒUVRE

CHAPITRE X

CONDITION DU PERSONNEL

CHAPITRE XI

RÉSULTATS ÉCONOMIQUES

CHAPITRE XII

RÉSULTATS ÉCONOMIQUES (*Suite*)

CHAPITRE XIII

LES SYNDICATS

CHAPITRE XIV

PRÉVOYANCE ET ÉPARGNE

CHAPITRE XV

ASSISTANCE

CHAPITRE XVI

ÉTAT MORAL ET SOCIAL

CHAPITRE XVII

AVENIR DE LA COMMUNE

CARTES

TOURS, IMPRIMERIE DESLIS FRÈRES, 6, RUE GAMBETTA.

www.ingramcontent.com/pod-product-compliance
Ingram Content Group UK Ltd.
Pitfield, Milton Keynes, MK11 3LW, UK
UKHW021130220726
13924UKWH00004B/1989

9 782019 936549